Umes Arunagirinathan
mit Doris Mendlewitsch

# GRUNDFARBE
# **DEUTSCH**

Warum ich dahin gehe,
wo die Rassisten sind

**ROWOHLT POLARIS**

2. Auflage August 2022

Originalausgabe
Veröffentlicht im Rowohlt Taschenbuch Verlag, Hamburg, Mai 2022
Copyright © 2022 by Rowohlt Verlag GmbH, Hamburg
Covergestaltung HAUPTMANN & KOMPANIE Werbeagentur, Zürich
Coverabbildung Asja Caspari
Satz Chronicle Text bei CPI books GmbH, Leck
Druck und Bindung GGP Media GmbH, Pößneck, Germany
ISBN 978-3-499-00955-6

Die Rowohlt Verlage haben sich zu einer nachhaltigen Buchproduktion verpflichtet. Gemeinsam mit unseren Partnern und Lieferanten setzen wir uns für eine klimaneutrale Buchproduktion ein, die den Erwerb von Klimazertifikaten zur Kompensation des $CO_2$-Ausstoßes einschließt.
www.klimaneutralerverlag.de

Für die Stadtteilschule Hamburg-Mümmelmannsberg, die sich so engagiert dafür einsetzt, allen Kindern, insbesondere denen mit Migrationshintergrund, Perspektiven für ein selbstbestimmtes Leben zu eröffnen. Ich verdanke ihr unendlich viel.

«Wer wären wir, wenn wir kein Mitgefühl für jene aufbringen könnten, die nicht wir selbst sind und die nicht zu uns gehören? Wer wären wir, wenn wir uns selbst nicht – wenigstens zeitweise – vergessen könnten? Wer wären wir, wenn wir nicht lernen könnten? Wenn wir nicht verzeihen könnten? Wenn wir nicht etwas anderes werden könnten, als wir sind?»

Susan Sontag in ihrer Rede anlässlich der Verleihung des Friedenspreises des Deutschen Buchhandels 2003

# Inhalt

1. Zweierlei — 11
2. Der Krieg ist ein Dieb — 21
3. Asylbegehren eines Kindes — 33
4. Afrika — 43
5. Ankunft — 53
6. Hamburg-Mümmelmannsberg — 58
7. Lebensschule — 62
8. Den Raum vergrößern — 72
9. Gewohnheiten — 77
10. Konfrontationen — 88
11. Schweben und springen — 98
12. Abgelehnt — 103
13. Gibt es keinen Platz für mich? — 108
14. Statusfragen — 114
15. Frau Schulze lernt Farbe — 120
16. In neuen Kreisen — 125
17. Grenzüberschreitungen — 136
18. Geprüft — 141
19. Steine ins Wasser werfen — 149
20. Fremd sein — 158
21. Deutscher werden — 169
22. Deutscher sein — 176
23. Durchbeißen — 185
24. Überzeugen durch Leistung? — 195
25. Ein Mangobaum im Eichenhain — 204
26. Träume — 214

Danksagung — 229
Quellenverzeichnis — 233

# 1.
# Zweierlei

Flapp, flapp, flapp – der Hubschrauber nähert sich. Das klopfende, schlagende Geräusch der Rotoren wird immer lauter. Ihr Dröhnen erfüllt meinen Kopf. Schüsse knallen. Ich laufe, so schnell ich kann, um den Bananenbaum zu erreichen. Keuchend werfe ich mich auf den Boden, presse mich an den Stamm, genau so, wie meine Mutter es uns Kindern eingeschärft hat. «Wenn ein Hubschrauber kommt, sofort in Deckung gehen. Macht euch unsichtbar. Wenn ihr unter einem Baum liegt, seid ihr für den Hubschrauber gar nicht da.» Ganz knapp habe ich es geschafft, wieder einmal. Mein Herz klopft wie verrückt. Der Lärm ebbt ab, der Hubschrauber der singhalesischen Armee entfernt sich. Ich stehe mit wackeligen Beinen auf, klopfe den Staub aus meinen Sachen und setze meinen Heimweg fort.

Dreißig Jahre später. «Junger Mann, wofür sind Sie denn eigentlich zuständig? Sollen Sie das Zimmer sauber machen oder das Essen ausgeben?», fragt mich eine alte Dame, die auf der chirurgischen Station des Krankenhauses in Bad Neustadt liegt. «Ich kann sowohl putzen als auch Essen verteilen. Ich kann Sie aber auch ganz normal behandeln. Ich bin Ihr Arzt.»

Auch wenn ich in Sri Lanka geboren und aufgewachsen bin: Ich bin Deutscher. 1991 kam ich nach Deutschland – als 13-jähriger Flüchtling. Ich ging hier zur Schule, habe studiert, meine Assistenzzeit in zwei renommierten deutschen Herzkliniken absolviert, bin mittlerweile Funktionsoberarzt in Bremen und seit 2008 Deutscher mit Einbürgerungsurkunde und allem Drum und Dran. Aber: Ich bin ein sehr dunkelhäutiger Deutscher. Wieso «aber»? Ich sage das so, weil im Bewusstsein der meisten Menschen «deutsch» und «weiß» ein Begriffspaar bilden. Und das, obwohl seit vielen Jahren Menschen aller Hautfarben dauerhaft bei uns leben, oft in der zweiten, dritten, vierten oder sonst einer Generation. Sie gehören zu uns, Menschen mit hell- oder dunkelbrauner oder olivfarbener Haut, mit schwarzen, vielleicht stark gewellten Haaren, dem nicht ganz westeuropäischen Gesichtsschnitt.

Rund 26 Prozent der deutschen Bevölkerung haben einen sogenannten Migrationshintergrund, wahrscheinlich sind es noch mehr, weil sich nicht alle Herkünfte statistisch erfassen lassen. Wenn man bedenkt, dass eine Partei mit gut 25 Prozent der Stimmen schon die Regierungsmehrheit und den Kanzler stellen kann, dann sind 26 Prozent Deutsche mit Wurzeln, die außerhalb Deutschlands liegen, eine stattliche Größe. Trotzdem ist diese Tatsache noch immer nicht allen bewusst, trotzdem kommt es permanent zu mehr oder weniger offenen Herabwürdigungen – wie etwa der reflexhaften Annahme, ein Dunkelhäutiger könne nur zum Reinigungspersonal gehören, da die anspruchsvollen medizinischen Aufgaben ja wohl von hellhäutigen, von «richtigen» Deutschen wahrgenommen würden. Mit dunkler Hautfarbe ist man automatisch abgestempelt als Ausländer, egal welche Staatsangehörigkeit man hat.

Man kann sich darüber aufregen. Außer in Ausnahmefällen tu ich es jedoch nicht. Es ist sinnlos und kostet nur Nerven. Ich sehe mich auch nicht in der Opferrolle, besser gesagt: in der schon gar nicht. Ich bin kein Opfer, sondern ein erfolgreicher Immigrant, der seine Heimat gezwungenermaßen als Kind verlassen musste. Es war keineswegs leicht für mich, den Status zu erlangen, den ich heute habe. Doch ich habe es geschafft, aus eigenem Antrieb und Ehrgeiz, aber vor allem mit der Hilfe zahlreicher «bio»deutscher Unterstützer und Freunde. Deshalb stimme ich auch nicht in den Chor derjenigen ein, die überall systemischen oder strukturellen Rassismus am Werk sehen. Etwa wenn bei der Wohnungssuche Bemerkungen fallen wie «an Ausländer vermiete ich nicht» oder der (offensichtlich arabischstämmige) Türsteher eines Clubs sagt: «Von euch sind heut schon genug drin.» Es handelt sich um unangenehme, schmerzhafte Erfahrungen. Ich weiß es, weil ich sie selbst mehr als einmal gemacht habe. Trotzdem: Ich bin kein Opfer. Opfer ist jemand, der von anderen bestimmt wird. Ich aber bin frei, mich emotional und geistig zu bewegen und meine Entscheidungen zu treffen. Zum Beispiel, ob es sich lohnt, einen Versuch zu unternehmen, jemanden aufzuklären und von seiner ursprünglichen Ansicht abzubringen, oder nicht. Bei einer Vermieterin könnte das durchaus der Fall sein, beim Türsteher würde ich es wahrscheinlich sein lassen.

Meiner Ansicht nach gibt es gar nicht so viele echte Hardcore-Rassisten. Also Menschen, die glauben, dass sie aufgrund ihrer Hautfarbe etwas Besseres sind, klüger und überlegen, Urdeutsche eben. Und die aus dieser Überzeugung heraus bestimmte, exklusive Rechte ableiten, die sie mir verwehren wollen. Die vielen «normalen» Alltagsrassisten hingegen stecken in irgendwelchen Mustern fest und reflektieren ihr

Handeln und ihre Einstellungen nicht. Die Übergänge von Erfahrungen zu Urteilen und Vorurteilen sind fließend. Diese Alltagsrassisten denken nicht darüber nach, worin der Wert eines Menschen besteht, wie sich eine Gesellschaft zusammensetzt und wer etwas zu ihrem Gelingen beitragen kann. Sie unterscheiden äußerst grob zwischen Vertrautem und Fremdem. Wenn möglich, halten sie sich das Fremde und «die Fremden» fern. Für sie bin ich ein «fremder Deutscher».

So wie mir geht es vielen oder vielleicht allen, die nicht dem Bild entsprechen, das die Biodeutschen von sich selbst und der Norm haben. Erfreulicherweise ist in der letzten Zeit eine Debatte entstanden, die die alltägliche Diskriminierung zum Thema macht. Die auf Missstände hinweist und einer breiten Öffentlichkeit endlich verdeutlichen will, was wir Deutsche und Nichtdeutsche mit Migrationsgeschichte täglich erleben.

Ich finde gut, *dass* eine solche Diskussion stattfindet. Was ich nicht gut finde, ist, *wie* sie stattfindet. Mich stört das Absolute daran. Es werden immer mehr Regeln aufgestellt, wie man über Rassismus reden darf oder muss, wer sich dazu und in welcher Weise äußern darf, welche Begriffe als verwerflich gelten, was als aggressiv oder mikroaggressiv zu bewerten ist und welche Haltung eingenommen werden muss, damit eine Äußerung überhaupt als diskutabel angesehen werden kann. Eine Menge Vorschriften soll sicherstellen, dass man Migranten, Migrierten, Immigranten, Schwarzen, Personen mit Migrationsgeschichte, ausländischen Wurzeln oder auch besonderer Herkunft respektvoll und politisch korrekt begegnet.

Das Vokabular und die Intentionen sind sicher gut gemeint – aber vielleicht auch nur das. Triggerwarnungen in Büchern, dass darin das «N*Wort» vorkomme, Begriffe wie «migrantisch-diasporisch» und Abkürzungen wie «BIPoC», kurz für Black, Indigenous und People of Color, sind für mich im wahrsten Sinne des Wortes unpassend. Ich sehe mich selbst nicht so, und ich will auch von anderen nicht so gesehen werden. Solche Definitionen sind abstrakt und abgehoben. Zweifellos ist richtig, dass auch scheinbar neutrale Alltagsbegriffe Missachtung enthalten können und man diese Wörter vermeiden sollte. Ebenso ist richtig, dass vielen Menschen gar nicht bewusst ist, welche Wirkung ihre Sprache oder ihr Verhalten auf ihr nicht weißes Gegenüber haben kann. Dennoch löst man dieses Problem meiner Ansicht nach nicht, indem man Verbote und Regeln zur «korrekten» Sprache aufstellt. Das Gespräch wird dadurch in die Zirkel von Eingeweihten abgedrängt, die angeblich Bescheid wissen und alles richtig machen. Die anderen trauen sich nicht mehr, «überhaupt noch was zu sagen». Im schlimmsten Fall wenden sie sich Parteien zu, bei denen man «noch sagen darf, was Sache ist».

Man sollte die Dinge beim Namen nennen, nur dann kann man klarmachen, was man meint. Ich beschreibe mich selbst nicht als Person of Color oder Person von Farbe. Nein, ich bin ein dunkelhäutiger Mensch, ein gebürtiger Tamile. Dass ich nicht weiß bin: Das ist nun mal genau das, was andere Menschen auf den ersten Blick an mir feststellen. Sie haben recht. Interessant wird es doch erst dann, wenn sie falsche Schlussfolgerungen daraus ziehen, und sei es unbewusst. Das ist das Entscheidende. Ganz konkret will ich auf bestehende Vorurteile hinweisen und sie auflösen. Dafür trete ich in jedem Gespräch und jeder Begegnung ein, sofern es Anlass dafür gibt, und dafür habe ich den letzten Jahren in über hundert Veranstaltungen und Lesungen vor Erwachsenen und Schülern geworben.

Die soziologischen Analysen über das gesellschaftliche

Machtgefälle zwischen weißen und farbigen Menschen haben zweifellos ihre Berechtigung. Aber diese Herangehensweise ist nicht meine Sache. Ich bin Praktiker. Ich suche die Begegnung und das Gespräch, und zwar mit denen, die sich bisher noch keine oder wenig Gedanken darüber gemacht haben, wie sie mit Andersfarbigen umgehen, und erst recht mit denen, deren negative Ansichten scheinbar gefestigt sind.

An dieser Stelle noch eine Erläuterung zu den Wörtern, die ich in diesem Buch verwende: In interkulturellen Trainings oder seitens Antidiskriminierungsbüros und ähnlichen Institutionen gibt es Listen mit Begriffen, die Alternativen zu tatsächlich oder vermeintlich diskriminierenden Ausdrücken anbieten und ihre Verwendung empfehlen. So wird beispielsweise «dunkelhäutig» als problematisch angesehen, weil schwarze Menschen darin eine Hierarchisierung der Farbigkeit annehmen könnten, in der sie an letzter Stelle stehen würden. Stattdessen sei «Schwarzer Deutscher» oder «People of Color» oder «Menschen of Color» vorzuziehen, eine inzwischen international anerkannte Selbstbezeichnung von und für Menschen mit Rassismuserfahrungen. Will man weiße Menschen nennen, sollte man «*weiße* Menschen» schreiben, um klarzumachen, dass man sich des Problems bei der Verwendung bewusst ist. Möglich sei auch zu schreiben «Biografisch-Deutsche» oder «Deutsche ohne Migrationsgeschichte». «Farbig» solle man möglichst gar nicht mehr benutzen, weil es kolonial geprägt sei. Stattdessen sei «Schwarze Deutsche» angebracht. Es gibt noch zahlreiche weitere Empfehlungen, aber ich will es bei diesem Auszug belassen. Ich zweifele nicht daran, dass alle, die sich Gedanken über die richtige Ausdrucksweise machen, intensiv überlegt und gute Gründe für ihre Annahmen und Forderungen haben. Ebenso kann ich nachvollziehen, dass es Menschen gibt, die sich von Adjektiven wie dunkelhäutig, schwarz, weiß und so weiter falsch beschrieben fühlen. Ich verwende sie dennoch und sehe davon ab, den als Ersatz empfohlenen Ausdrucks- und Schreibweisen zu folgen. Erstens, weil ich sie nicht in jeder Hinsicht als konsistent empfinde. Zweitens, weil ich damit nicht immer genau das sagen kann, was ich möchte; sie sind oft einfach zu unkonkret, und dunkelhäutig beispielsweise ist für mich nicht dasselbe wie schwarz. Drittens spreche ich einfach nicht so, weder im Alltag mit meinen Kollegen, Freunden oder Nachbarn noch auf den Veranstaltungen, in denen ich aus meinen Büchern lese. Immer ergeben sich danach intensive Gespräche zwischen dem Publikum und mir, und nie geht es mir um das «richtige» Vokabular, sondern darum, sich über die eigenen Vorurteile klar zu werden und sein Verhalten zu überprüfen. Meinem Eindruck nach gelingt mir das so, wie ich darüber spreche, in der Regel ganz gut. Deshalb bleibe ich auch in diesem Buch dabei, ohne jede diskriminierende Absicht.

Rassismus und Fremdenfeindlichkeit sind globale Phänomene. Sie sind überall auf der Welt vorhanden. Das Selbstbewusstsein vieler Völker basiert auf dem Gefühl zivilisatorischer Überlegenheit gegenüber anderen. Im Alltag hat Rassismus ein individuelles Gesicht. Der Einzelne verhält sich rassistisch. Übrigens tun das nicht nur hellhäutige, sondern auch farbige Menschen. Es gibt Antirassismus-Aktivisten, die behaupten, dass es Rassismus, der von schwarzen Menschen ausgeht, nicht gebe oder gar nicht geben könne. Aber das ist Blödsinn. Auch viele dunkelhäutige Menschen verhalten sich gegenüber noch dunkleren verächtlich oder ausschließend.

Einerseits ist diese Individualität des Rassismus ein Problem, weil er dadurch so vielfältig und schwer zu greifen ist. Andererseits liegt genau hier der Ansatzpunkt. Jeder und jede kann sich nämlich selbst befragen: Wo schnappt bei mir die Falle zu? Zum Beispiel, wenn ich einen kompliziert klingenden Namen höre und automatisch denke, dass das kein Deutscher sein kann? Oder wenn ich einen dunkelhäutigen Menschen bei einer Zufallsbegegnung sofort fragen will, wo er denn herkommt? Sich in diesen vielen Fragen des Alltags ein bewusstes Verhalten anzugewöhnen und überhaupt erst mal auf eine substanzielle Begegnung einzulassen – daran kann doch jede und jeder arbeiten, meine ich.

Ich versuche, es den Menschen leicht zu machen, auch wenn manche Erkenntnisse für den ein oder anderen vielleicht unbequem sind. Das heißt, ich nenne zum einen die Dinge beim Namen, und ich biete zum anderen einen persönlichen Zugang, indem ich meine Geschichte erzähle. Über die Flucht und die langjährige Trennung von meiner Familie, vom Ankommen hier, vom Durchbeißen, vom Glücklichsein. Ich halte das für den Weg, mit dem man Verständnis wecken kann und der letztlich dazu führt, dass die Hautfarbe tatsächlich nur als rein äußerliche Tatsache wahrgenommen wird. So wie man eben eher nebenbei feststellt, dass jemand blaue oder grüne Augen hat.

Die Erfahrung von Flucht, Vertreibung, Emigration, Migration existiert wahrscheinlich schon so lang wie die Menschheit selbst. Es sind oft große Ströme, ausgelöst durch Kriege, aber es gibt auch die vielen anderen Bewegungen, die nur nicht so deutlich wahrgenommen werden. Doch egal, ob es um große oder kleine «Zahlen» geht: Stets handelt es sich um individuelle, einzelne Schicksale. Es ist immer dieser eine Mensch, der eine solche Erfahrung macht, an ihr zerbricht oder sie zum Guten wenden kann. Und immer stößt dieser eine Mensch auf eine neue Gemeinschaft, die ihn aufnimmt, manchmal wohlwollend, häufig widerwillig, die ihn gelegentlich auch zurückweist. Wenn ich also anhand meiner eigenen Biografie davon erzähle, wie es ist, hier in Deutschland als dunkelhäutiger Mensch Deutscher zu werden und aus voller Überzeugung zu sein, dann tue ich das zwar stellvertretend für viele andere, aber gleichzeitig weiß ich, dass jeder Mensch sein eigenes Schicksal und seinen eigenen Zugang dazu hat.

Es braucht übrigens gar nicht viel, um als Fremder wahrgenommen zu werden. Es reicht schon, dass man nicht «von hier» ist. Es ist der Unterschied zwischen den «guten» Ansässigen und den «suspekten» Mobilen. Als nach dem Zweiten Weltkrieg die vielen vertriebenen Deutschen aus Ostpreußen, Schlesien oder dem Kaukasus in den Westen kamen, nahm man sie keineswegs freudig auf. Dabei waren sie genauso Deutsche wie die Hiesigen, nur eben über lange Zeit anderswo. Menschen mit anderer Hautfarbe wären demnach noch viel weniger von hier, selbst wenn sie schon in der zweiten oder dritten Generation hier leben. Aber muss das so sein? Ist das ein ungeschriebenes Gesetz? Oder ist es nicht doch möglich, den Panzer der Abwehr oder einfach nur der Unwissenheit aufzubrechen?

Ich meine, der Versuch lohnt sich. Ich unternehme ihn auf meine Weise: nicht durch Konfrontation, sondern durch energisches Werben um mehr Aufmerksamkeit und gedankliche Flexibilität auf «beiden» Seiten. Ich möchte denen Mut machen, die neu hier ankommen oder aufgrund ihrer Hautfarbe als (immer noch) nicht dazugehörig abgestempelt werden. Und genauso denen Mut machen, die sich vor «dem Fremden» fürchten, das sie verwirren oder bedrängen könnte.

Mein Ziel ist es, das Farbspektrum unserer Wahrnehmung zu erweitern. Dass Deutschsein nicht mehr automatisch mit Weiß verbunden wird, sondern wir uns auf das konzentrieren, was uns als Menschen in dieser Gesellschaft verbindet, auf die Werte, die das Leben hier so sicher, so frei und so reich machen. Ich möchte, dass wir uns auf das Gemeinsame einigen, auf die Grundfarbe Deutsch eben. Ich bin überzeugt davon, dass es unser aller Leben bereichern wird.

# 2.
# Der Krieg ist ein Dieb

Ich bin Anfang vierzig, nicht verheiratet und habe keine Kinder. Dennoch bin ich verantwortlich für eine ganze Familie. Ich bin – nicht allein, zum Glück – dafür zuständig, dass es meinen beiden Schwestern, meinem Bruder und meiner Mutter gut geht. Als mein Vater noch lebte, schloss ihn das ebenfalls ein. Diese familiäre Fürsorge, vor allem in finanzieller Hinsicht, ist meine Aufgabe, weil ich der älteste Sohn bin. So ist das bei uns. Ich sage absichtlich «bei uns», weil diese tamilische Traditionsverbundenheit unabhängig von jeder Einbürgerung bestehen bleibt, solange ich lebe. Wenn ich in Sri Lanka lebte, würde ich diese Aufgabe vielleicht ein bisschen anders bewältigen, aber das lässt sich kaum genau sagen. Jedenfalls habe ich schon früh damit begonnen, Verantwortung zu übernehmen.

Ich bin das zweitgeborene Kind meiner Eltern. Zwei Jahre vor mir wurde meine Schwester Ruji geboren, nach mir kamen meine Schwester Vani, meine Schwester Nala und als Letzter mein Bruder Jana. Wir lebten in Puttur, auf der Halbinsel Jaffna im tamilischen Norden von Sri Lanka. Detaillierte Erinnerungen an meine frühe Kindheit habe ich nur vereinzelt, von Kinderspielen mit meinen Geschwistern, etwa wenn wir uns an den Hausputztagen auf den nassen Boden des großen

Zimmers legten und Schwimmbad spielten, indem wir weit ausholend Arme und Beine bewegten wie die Frösche. Keiner von uns hatte je ein Schwimmbad gesehen, wir kannten so etwas nur aus den Erzählungen anderer Leute, die Filme angeschaut hatten oder deren Verwandte im Ausland lebten. Doch das spielte keine Rolle, wir vergnügten uns, indem wir der Fantasie freien Lauf ließen. So wie es Kinder eben machen, vor allem solche aus armen Haushalten. Mein Vater hatte eine schlecht bezahlte Stelle als Buchhalter in Thunukkai, ungefähr 100 Kilometer südlich von Puttur. Er wohnte im Haus seines Bruders und kam nur an den wenigen Urlaubstagen zu uns nach Hause, beladen mit Säcken voll Reis und Mangos. Uns gehörte ein kleines Stück Land in der Nähe seiner Arbeitsstelle, das ganz und gar mit Mangobäumen bepflanzt war, die wenig Arbeit verlangten, aber wunderbar schmeckende Früchte hervorbrachten.

Als Kind hat man, solange man nicht hungern muss, keine rechte Vorstellung von Armut oder Wohlstand. Wir Geschwister besaßen keine Alltagsschuhe und liefen barfuß herum, doch das machten alle anderen Kinder ebenso. Es gab nur selten Fleisch zum Essen, weil das sehr teuer war, dafür oft Fisch, der an der langen Küste Jaffnas leicht zu fangen war und auf den Märkten für wenig Geld verkauft wurde.

Als ich fünf Jahre alt war, begann im Norden Sri Lankas der Bürgerkrieg zwischen der singhalesischen Regierung und der tamilischen Minderheit. Die Konflikte zwischen Singhalesen und Tamilen reichen weit in die Geschichte zurück, wahrscheinlich bis zum Beginn der Besiedlung. Die Singhalesen waren aus dem Norden Indiens eingewandert, hatten die Ureinwohner verdrängt und sahen sich als die «Eigentümer» des Landes an. Vor allem gegenüber den Tamilen, die wohl ab dem 10. Jahrhundert nach Sri Lanka eingewandert waren. Die Geschichte der beiden Völker ist kompliziert, die Quellenlage teilweise dürftig. Die Sprachen gehören verschiedenen Familien an, und die religiösen Unterschiede spielen eine große Rolle. Die Singhalesen sind überwiegend Buddhisten, die Tamilen mehrheitlich Hindus. Die Ursachen für die lang andauernden Konflikte sind verwickelt. Nach dem Zweiten Weltkrieg verstärkte sich das Unabhängigkeitsstreben der Tamilen, was wiederum heftige Unterdrückungsreaktionen der singhalesischen Zentralregierung nach sich zog. 1983 brach der Bürgerkrieg aus. Hauptgegner waren die Liberation Tigers of Tamil Eelam (LTTE), ein Zusammenschluss verschiedener paramilitärischer Gruppen, die unter anderem etliche Attentate verübten, und die Regierungstruppen.

Der Krieg raubt die Freiheit, vor allem die Entscheidungsfreiheit. Man kann sich nicht heraushalten, erst recht nicht aus einem Bürgerkrieg. Man gehört «zu denen», oder «die gehören zu uns». Die Regierung und ihre Truppen verdächtigten umstandslos jeden Tamilen, ein Terrorist zu sein, und verhafteten, töteten, vergewaltigten, annektierten und zerstörten die Existenzgrundlage Tausender Menschen. Der einzige Verbündete der Tamilen waren die Tamil Tigers – auch wenn die LTTE schreckliche Dinge anrichtete, die man nicht gutheißen konnte, nicht mal unter Kriegsumständen. Aber es gab eben niemanden sonst, der für uns Partei ergriff. Die tamilische Bevölkerung versorgte die Kämpfer mit Lebensmitteln, versteckte sie notfalls und half ihnen, sich Waffen zu besorgen. Was wiederum die Regierung in ihrer Ansicht zu bestätigen schien, dass jeder Tamile ein Terrorist sei.

Zu meinen frühen Kindheitsprägungen gehören also klare Feindbilder sowie die Erinnerung an Gespräche, wie man es am besten anstellen könne, das Land zu verlassen. Immer wenn die Erwachsenen zusammensaßen, kam früher oder später dieses Thema auf, und wir Kinder hörten häufig zu. In den meisten Familien der Nachbarschaft gab es mindestens ein Mitglied, das nach Indien, Europa oder Amerika geflüchtet war. Oft waren auch die Kinder allein verschickt worden, unter Zuhilfenahme von Schleppern. Mein Vater, der inzwischen seine Stelle als Buchhalter aufgegeben hatte, weil sie nichts mehr einbrachte, und wieder bei uns lebte, war skeptisch, wenn er solche Berichte hörte. Meine Mutter hingegen war erpicht auf alle Details und wollte genau wissen, warum der Versuch des einen gescheitert, die Flucht des anderen aber gelungen war.

Möglicherweise war sie anfangs nur vorsorglich interessiert. Dann wurde meine älteste Schwester krank, und der Fall der Fälle wurde tatsächlich eine ernst zu nehmende Option. Ruji hatte Blut im Urin, nicht nur einmal und nicht nur ein bisschen. Im Krankenhaus in Jaffna stellte man fest, dass sie an einer Nierenerkrankung litt. Heute weiß ich, dass man sie wahrscheinlich mit einer Antibiotikatherapie hätte heilen können. Damals jedoch gab es in Jaffna solche teuren Medikamente nicht, zumindest nicht für uns. Sie bekam irgendwelche Tabletten, die aber lediglich die Symptome milderten und keine wesentliche Verbesserung bewirkten.

Meine Mutter fuhr mit ihr in jedes erreichbare Krankenhaus, um irgendjemanden ausfindig zu machen, der vielleicht doch Heilung in Aussicht stellen konnte. Die Fahrten waren gefährlich, die Busse wurden oft beschossen, und in der Stadt war es eh unübersichtlicher als bei uns auf dem Dorf. Meistens begleitete ich meine Schwester und meine Mutter, weil das als sicherer galt. Alle Frauen fürchteten sich vor Misshandlungen und Vergewaltigungen durch die Soldaten, deshalb hatten sie meistens Kinder an der Hand. Ob es im Ernstfall wirklich geholfen hätte und was ich als Neun- oder Zehnjähriger hätte verhindern können, weiß ich nicht. Als ich einmal mitfuhr, brachte ein Krankenwagen gerade einen jungen Mann zum Krankenhaus, der blutüberströmt auf seiner Trage lag. Meine Mutter hielt mir die Hand vor die Augen und zog mich weg, aber ich hatte schon gesehen, wie schrecklich der Mann zugerichtet war. Er bewegte sich nicht mehr.

Ich erinnere mich nicht nur an meine immer schwächer werdende Schwester, sondern auch an die endlose Warterei in den Krankenhäusern. Rujis Krankheit und die letztlich erfolglosen Versuche, sie zu retten, beschäftigten mich sehr. Ich war machtlos, hilflos. Ich fühlte mich schlecht, weil ich meiner Schwester nicht helfen konnte. Der Einzige, der helfen konnte, war der Arzt. Aber der war oft nicht da.

Warten.

Warten.

Warten.

Als Kind ist man in der Regel sowieso nicht sehr geduldig, aber unter diesen Umständen war es erst recht unangenehm. Wir trafen morgens im Krankenhaus ein und saßen dann stundenlang in irgendwelchen Fluren – ohne jegliche Garantie, dass wir den Arzt überhaupt zu Gesicht bekämen. Ich weiß nicht, wie oft wir drei den ganzen Tag im Krankenhaus verbrachten, ohne auch nur einen Zipfel seines Kittels zu sehen. Und wenn er endlich auftauchte, dann nur für wenige Minuten, nie hatte er Zeit.

Einmal jedoch beschäftigte sich der Arzt auch mit mir. Es ging darum, ob ich eine Niere für meine Schwester spenden könnte. Es war zunächst mal nur eine Idee, wohl eine vollkommen unrealistische. Wir hätten in Colombo ins Krankenhaus gemusst, im Kriegsgebiet war eine solche Operation ausgeschlossen. Meine Mutter hätte also mit uns Kindern dorthin reisen müssen, eine meiner Nieren hätte entnommen und meiner Schwester eingesetzt werden müssen. Wie die Erfolgsaussichten wären, konnte kein Mensch wissen. Damals, vor 30, 40 Jahren, war die Medizin in Sri Lanka noch nicht sehr weit, heute wäre eine solche Operation möglich. Ich erinnere mich genau an die Begegnung mit dem Arzt, normalerweise wurde ich ignoriert, aber bei dieser Gelegenheit sprach er ein paar Minuten mit mir. Es war wunderbar. Er war Herr des ganzen Hauses, alle arbeiteten für ihn und assistierten ihm, er war mächtig – und er redete mit *mir*. Ich war sehr stolz darauf, dass ich ihm die Hand geben durfte.

Meine Mutter hatte mir schon vorher die Idee präsentiert, dass es schön wäre, wenn ich Arzt würde. Wir müssten nie mehr so lange warten, wir hätten einen Arzt zu Hause, es könnte uns allen nichts mehr passieren – wie Mütter solche Dinge ihren Kindern eben erklären. Ich fand das überzeugend und nach dieser Begegnung umso mehr. Seitdem beschäftigte mich diese Idee immerzu, mal mehr, mal weniger intensiv. Sie wurde ein Teil von mir.

Meine Voraussetzungen für eine medizinische Karriere waren allerdings denkbar ungünstig. Ich war mit sieben Jahren eingeschult worden und kein schlechter Schüler. Vor allem in Mathematik und naturwissenschaftlichen Fächern brachte ich gute Leistungen. Es ging streng in der Schule zu. Dass der Lehrer prügelte, wenn man Fehler machte, war üblich. Trotzdem erinnere ich mich gern an die Zeit. Mir bereiteten die meisten Fächer Freude. Und selbst heute bin ich mit dem ein oder anderen meiner Mitschüler von damals in Kontakt. Ich weiß noch die Namen sämtlicher Kinder und kann sie in der Reihenfolge ihrer Sitzplätze aufsagen. Wie auf einem Foto sehe ich sie alle vor meinem inneren Auge. Schon nach sechs Jahren war es allerdings aus mit der Schule. Aufgrund des Kriegs war kein geregelter Schulbetrieb mehr möglich.

Trotz aller Anstrengungen meiner Eltern, vor allem meiner Mutter: Ruji wurde nicht gesund. Jemand erzählte uns, dass es in Indien bessere Medikamente gebe, man solle das Kind dorthin bringen. Ein utopischer Vorschlag. Wir kannten niemanden in Indien, zu dem wir sie hätten schicken können. Der Flug würde ein Vermögen kosten, die neuen Medikamente ein weiteres – und dann war noch nicht mal klar, ob sie überhaupt helfen würden. Eine preiswertere, gleichwohl ebenfalls riskante Möglichkeit bestand darin, meine Schwester ins Krankenhaus nach Colombo zu bringen. Meine Mutter entschied sich für diese Lösung und verbrachte einige Wochen mit Ruji in Colombo, doch die Behandlung wurde von Tag zu Tag teurer, ohne zu wirken, und so kehrten die beiden nach Puttur zurück.

In Colombo hatten die Ärzte meiner Mutter von einer Therapiemöglichkeit in Deutschland erzählt. War Indien schon außer Reichweite, so befand sich Deutschland quasi auf einem anderen Stern. Eine Reise dorthin wäre irrsinnig teuer, eine Behandlung unbezahlbar. Man hätte gar nicht darüber nachzudenken brauchen, wenn nicht … Wenn nicht der Bruder meiner Mutter seit Jahren in Deutschland lebte. Er wäre der ideale Anknüpfungspunkt. Allerdings: Eine legale Einreise schied für Ruji aus, wegen einer Nierenkrankheit würde sie ganz sicher keine Aufenthaltsgenehmigung bekommen. Schlepper müssten sie einschleusen.

Die Idee wirkt heute verrückt und war es sicher damals schon. Dass ein schwerkrankes Mädchen auch nur die Reise überstehen könnte, scheint nahezu ausgeschlossen. Abgesehen davon, dass wir alles verkaufen mussten, was wir hatten, und selbst das wohl nicht für die Behandlung ausreiche. Doch meine Mutter war so verzweifelt, dass sie auch nach diesem Strohhalm griff. Sie versuchte, mit meiner Schwester nach Colombo zu fahren, um einen Schlepper zu finden und sie auf den Weg zu schicken. Mittlerweile war es allerdings unmöglich geworden, in die Hauptstadt zu gelangen. Es gab Straßensperren, wegen Bombenschäden war die Zugverbindung in die Hauptstadt vorübergehend eingestellt worden. Unverrichteter Dinge kehrten die beiden zurück. Von nun an versorgten wir unsere Schwester zu Hause, mit Hausmitteln und dem, was an Medikamenten irgendwo übrig war. Selbst die Fahrten nach Jaffna waren zu gefährlich geworden.

Auch wenn kein Schulunterricht mehr stattfand: Es gab genug für mich zu tun. Der Krieg hatte die Preise für Lebensmittel in die Höhe getrieben. Anders als viele andere konnten wir uns noch regelmäßige Mahlzeiten leisten, allerdings mit deutlich weniger Fisch und Gemüse als vorher. Die Beilage, in erster Linie Reis, war nun die Hauptsache. Mein Vater hatte eine Zeit lang als Reisfahrer gearbeitet, das war jedoch zu gefährlich geworden. Um etwas Geld zu verdienen, bauten wir deshalb auf einem kleinen Stück Land Obst und Gemüse an. Den größten Teil brauchten wir zur Selbstversorgung, doch wir verkauften auch einiges auf dem nahe gelegenen Markt, vor allem Bananen. Meist fuhren mein Vater und ich gemeinsam auf einem Fahrrad dorthin, ich vorn auf der Stange, mein Vater auf dem Sattel, und auf dem Gepäckträger hatten wir die Kiste mit den Bananen festgezurrt. Richtig viel kam nicht dabei herum, und gefährlich war der Weg außerdem. Man wusste nie, was passieren könnte.

Mein Vater beschloss daher, Arbeit im Ausland zu suchen, am besten in Europa. Meine Mutter verkaufte ihre Hochzeitskette, eine Menge Geld liehen wir uns von Bekannten. Beim Abschied weinten wir alle. Mein Vater übertrug mir die Verantwortung für die Familie. Ich solle gut auf meine Geschwister achten und meiner Mutter eine Stütze sein. Ich versprach, alles so gut zu machen wie er. Mein Vater reiste mit einem Touristenvisum nach Singapur und wollte von dort aus weiter mit einem Schlepper nach Deutschland. Es klappte nicht. Er blieb in Malaysia stecken, das Geld war weg. Nach ein paar Monaten kehrte er zu uns zurück nach Puttur. Wir waren froh, dass er unversehrt war. Doch gleichzeitig sehr enttäuscht, dass der große Plan nicht funktioniert hatte. Wir hatten unser ganzes Geld sowie eine Menge fremdes Kapital in diese Hoffnung gesteckt. Und jetzt war diese Investition geplatzt, ohne dass auch nur der kleinste Ertrag dabei herausgekommen war. Ich glaube zwar nicht, dass sich mein Vater wie ein Versager fühlte oder dass er als solcher angesehen wurde. Die Erinnerung an die Enttäuschung über seinen missglückten Versuch verschwand aber auch nie ganz.

Eine Sache hatte sich verändert und blieb auch nach der Rückkehr meines Vaters bestehen: Er hatte mir vor seiner Abreise die Verantwortung für die Familie übertragen. Sie war von ihm zu mir gewandert. Und das sollte so bleiben. Mein Vater entzog sich keineswegs seinen Verpflichtungen, aber für wichtige Dinge war seither ich zuständig. Unter anderem für das Geld. Er gab mir die Einnahmen und wusste, dass ich diese sicher verwalten und sparsam einsetzen würde. Ich war geschäftstüchtig.

Da die Schule auf absehbare Zeit nicht mehr öffnen würde, zogen mein Vater und ich einen kleinen Handel auf. Ich stellte mich an den Straßenrand, drehte eine Kiste, in der normalerweise Tee transportiert wurde, auf den Kopf und bot auf dieser improvisierten Ladentheke ein wichtiges Alltagsgut zum Verkauf an: Benzin. Nicht das Motorenbenzin für die Autos, sondern eins, mit dem man zum Beispiel die Geräte für die Feldarbeit betrieb. Bei Bedarf nutzten es die Leute auch für die Beleuchtung und für tausend andere Dinge. Dieses Benzin war durch den Krieg immer teurer geworden, man verwendete es nur noch in kleinen Portionen. Ich kaufte also eine Literflasche Benzin, stellte sie auf meine Teekiste und füllte mit einem kleinen Messbecher die gewünschten Mengen ab. Im Einkauf zahlte ich 100 Rupien für die Flasche, im Verkauf erzielte ich, wenn es gut lief, 130 oder 140 Rupien. Und es lief gut. Zwischendurch kam mein Vater und brachte Nachschub. Wir stellten auf 5-Liter-Flaschen um.

Außerdem erweiterten wir das Sortiment und boten Bananen, Kokosnuss, Tomaten, Rote Bete und anderes Gemüse an, je nachdem, was auf dem Großmarkt zu finden war. Rote Bete war im Krieg das Billigste, was es gab. Ich glaube, es war damals bei uns zu Hause Bestandteil einer jeden Mahlzeit. Mein Vater holte die Ware mit dem Fahrrad, ich verkaufte sie. Anders als die meisten Verkäufer hockte ich aber nicht hinter meiner Kiste und wartete auf Kundschaft. Bevor ich meinen «Laden» öffnete, fuhr ich nämlich bei den anderen Verkäufern vorbei und sondierte die Preise. Kamen die Interessenten mit ihrer Einkaufstüte bei mir entlang, sagte ich: «Gehen Sie ruhig weiter, aber glauben Sie nicht, dass Sie anderswo bessere oder preiswertere Bananen finden. Hier bei mir kosten sie 20 Rupien, bei den Kollegen 25.» Ich bewarb mich um die Kunden.

Mein Vater hatte mich dazu animiert. In der Familie war er der Geschäftstüchtige, bei meiner Mutter stand die soziale Komponente im Vordergrund. Ich glaube, ich habe von beiden eine Menge mitbekommen. Zu jener Zeit entwickelte ich die Überzeugung, dass man aktiv sein muss. Man darf nicht darauf warten, dass jemand auf einen zugeht und sich kümmert, sondern muss kämpfen. Sonst geht man unter.

Das Geld, das mein Vater und ich mit dem Benzin- und Gemüsehandel verdienten, sicherte einigermaßen den Lebensunterhalt für die Familie. Für Rujis Behandlungen reichte es nicht, sie waren sehr teuer. Um sie bezahlen zu können, musste meine Mutter ihren letzten Schmuck verkaufen. Doch eine Heilung war nicht möglich. Ruji wurde schwächer und schwächer. Vielleich hätte sie noch länger durchhalten können, wenn wir in Friedenszeiten gelebt hätten, aber der Krieg mit der schlechten Versorgungslage beschleunigte ihren Verfall. Außerdem setzten ihr die mehrfachen Fluchten zu. Immer wieder mussten wir für Wochen in einen Nachbarort oder zu Verwandten fliehen, wenn unser Dorf besonders stark beschossen oder bombardiert wurde. Ich erinnere mich noch, wie hilflos und klein Ruji wirkte, als sie zusammengesunken auf dem Fahrrad hockte, das mein Vater schob, damit wir irgendwo Unterschlupf fänden.

Dass sie bald sterben könnte, erwartete ich nicht. Ich hatte mich daran gewöhnt, dass sie krank war, sehr schwer krank. Das erschien mir normal. Als es dann so weit war, konnte ich es nicht glauben. Sie starb in der Nacht vom 15. auf den 16. August 1990, im Alter von zwölf Jahren. Mein Vater kam zu mir und sagte, dass meine Schwester uns verlassen habe. Ich verstand zunächst nicht, was er meinte. Als ich an ihr Bett trat, nahm ich ihre Hand und legte die Finger auf die Stelle, an der ihr Puls zu spüren wäre. Ich wusste nicht, was ich da tat und wofür es gut sein sollte. Vielleicht hatte ich die Geste im Fernsehen oder bei einem Arzt anlässlich unserer zahlreichen Krankenhausbesuche gesehen. Wahrscheinlich wollte ich nur ein Zeichen des Kümmerns setzen oder noch einmal als Bruder in Verbindung mit meiner Schwester treten. Ich vermisste sie von der ersten Minute an.

Meine Mutter litt schwer unter dem Verlust ihrer Erstgeborenen. Noch lange Zeit musste sie beim kleinsten Anlass weinen, etwa wenn sie beim Aufräumen unvermutet auf eins von Rujis Kleidungsstücken stieß. Bei mir verstärkte Rujis Tod den Hass auf den Krieg. Sie hätte sicher geheilt werden können, wenn die Verhältnisse anders gewesen wären. Dann hätte es mehr Ärzte gegeben, und einer von ihnen hätte sich Zeit für sie nehmen können. Wir hätten zu Spezialisten nach Colombo fahren und uns die richtigen Medikamente besorgen können. Auch wenn sie teuer waren, ohne Krieg hätten wir genug verdient, um sie zu bezahlen.

Der Krieg ist ein Dieb. Er hat uns das gemeinsame Aufwachsen gestohlen und uns die Kindheit genommen. Er hat uns arm gemacht – und härter.

Der Krieg hat uns in dauernde Angst versetzt, uns von Bildung und Kultur ferngehalten. Erst hat er mich, später auch meine Geschwister aus der Heimat vertrieben und die Familie zerrissen.

Der Krieg ist ein grausamer Dieb.

# 3.
# Asylbegehren eines Kindes

In der Nacht vom 9. auf den 10. September 1991 traf, angeblich aus Bangkok kommend, ein sri-lankischer Junge namens Ravi Kanagaratnam auf dem internationalen Flughafen Frankfurt ein. Er war 13 Jahre alt, sprach weder Englisch noch Deutsch, hatte keinen Ausweis dabei und auch sonst fast nichts, nur eine kleine, billige Sporttasche. Das Grenzschutzamt versuchte vorschriftsgemäß, sich mittels Kinderbefragung ein Bild zu verschaffen, und kam laut Bericht zu dem Schluss, dass es sich um das «Asylbegehren eines Kindes» handele und sich «Hinweise auf eine politische Verfolgung in seinem Heimatland» ergeben hätten. «Erforderliche Schritte im Hinblick auf § 6 des Asylverfahrensgesetzes» sollten veranlasst werden.

Dieser Minderjährige war ich. Der Name, den ich angegeben hatte, war eine Fantasiekombination. Ravi hieß ein Nachbarsjunge in Puttur, der Nachname stammte von einem anderen Nachbarn. Ich traf nach sage und schreibe acht Monaten Flucht in Frankfurt ein. Am 6. Januar hatte ich mich von meiner Mutter in Colombo verabschiedet, seitdem war ich unterwegs gewesen, als «unbegleiteter minderjähriger Flüchtling», wie es im Amtsdeutschen heißt. Geplant war ursprünglich, dass ich nach spätestens einer Woche in Deutschland eintreffen würde, so hatten es die Schlepper meiner Mutter versprochen. Ich weiß nicht, ob sie es ihnen wirklich geglaubt hat. Wahrscheinlich fällte sie in einer Mischung aus Verzweiflung, Liebe und Lebensinstinkt die Entscheidung, mich trotz ihrer Zweifel wegzuschicken. Meine Mutter ist eher die Mutige, mein Vater war der Skeptische. Er war dagegen, dass ich allein auf eine solche Reise gehen sollte. Doch meine Mutter setzte sich durch. Die Alternativen zu meiner Flucht bestanden darin, dass ich irgendwann einmal von einer Granate getötet oder von einem Gewehrschuss getroffen würde oder mich – vielleicht freiwillig, vielleicht gezwungenermaßen – den Tamil Tigers anschlösse. Sehr viele der jungen Männer taten das. Nach acht Jahren Bürgerkrieg war das eine geradezu zwangsläufige Entwicklung.

Ich nehme an, dass meine Mutter sich alles genau überlegt hatte. Ich war der Älteste, tüchtig für meine zwölf Jahre, hatte gute Leistungen in der Schule gezeigt, könnte bestimmt daran anknüpfen und einen guten Beruf ergreifen – überall, nur nicht als Tamile in dem kriegsversehrten Sri Lanka. Aus dem Ausland könnte ich die Familie unterstützen. Ich war die Garantie für ihr Überleben und die Ausbildung meiner Geschwister. Ich bedeutete die Zukunft. Mich wegzuschicken wäre für alle das Beste – wenn ich es schaffen würde.

Für Menschen aus wohlhabenden Ländern mit funktionierenden Strukturen und geregelten Verhältnissen sind solche Überlegungen schwer nachvollziehbar. Und wenn man bedenkt, wie außerordentlich behütet selbst ältere Kinder hier leben, dann erscheinen sie vielleicht sogar brutal. Doch die Gedanken meiner Mutter waren vollkommen logisch. Und solche Pläne sind immer eine naheliegende Option in den Ländern, in denen Krieg herrscht oder die Wirtschaft aufgrund langjähriger Konflikte zusammengebrochen ist. Häufig sind es die Väter, die im Ausland versuchen, eine neue Existenz für sich und damit auch für die Familie aufzubauen. Sind sie aber zu alt oder verbietet sich ein solches Vorhaben aus anderen Gründen, dann werden die Jungen geschickt. Sie sind stark, widerstands- und anpassungsfähig. Deshalb treffen so viele männliche Jugendliche aus afrikanischen und asiatischen Ländern in Europa ein. Die Strapazen und Gefahren der Flucht muss man aushalten, überleben können. Überall auf dem Weg gibt es Übergriffe, Gewalt, Missbrauch, Betrug, Abhängigkeit – von Schleppern, Mittelsmännern, Lagerinsassen, Dorfbewohnern. Auch von der Polizei. Von den Flüchtlingen beispielsweise, die die Route über den Balkan nehmen, bleibt wohl kaum einer unversehrt.

Ich glaube, den meisten Menschen fehlt es an Vorstellungskraft, wie es in anderen Ländern zugeht, insbesondere in den ärmeren. Wie korrupt die staatlichen Organe sind, und welche Geschäfte in den Grenzregionen durch die Flüchtlinge gemacht werden. Wir sehen den Hansaplatz in Hamburg oder den Görlitzer Park in Berlin, wo ungeniert Drogen- und andere illegale Geschäfte betrieben werden, und regen uns darüber auf, dass anscheinend die Behörden nicht eingreifen. Ja, das ist zwar schlecht, trotz allem jedoch eine Ausnahme in unserem wohlgeordneten Staat. In manchen Regionen auf den Flüchtlingsrouten hat der Staat überhaupt nichts mehr zu sagen – oder noch schlimmer: Er ist an den illegalen Geschäften beteiligt, benutzt die Flüchtlinge als Druckmittel gegenüber der EU, um sich Vorteile zu verschaffen. Diese Gemengelage von Gesetzlosigkeit und Profitgier macht, zusätzlich zu allen anderen Risiken, eine Flucht so gefährlich. Ein Flüchtling kann niemandem vertrauen, er ist unter widrigsten Verhältnissen vollkommen auf sich allein gestellt.

Zu Hause in Puttur hatten wir praktisch überhaupt kein Geld mehr, sondern lebten von der Hand in den Mund. In Colombo lag auf einem Bankkonto noch eine kleine Summe, die mein Onkel, der Bruder meiner Mutter, aus Deutschland geschickt hatte, als eine Dialyse für meine Schwester Ruji zur Debatte stand. Mein Onkel hatte 1979 einen Asylantrag in Deutschland gestellt und schließlich dort bleiben können. Seit 1988 war er mit seiner Cousine verheiratet, die ebenfalls mithilfe von Schleppern eingereist war, und inzwischen Vater von zwei kleinen Kindern. Zu Rujis Dialyse war es nicht mehr gekommen, meine Eltern hatten das Geld aber nie angerührt. Das sollte jetzt als Grundstock für meine Flucht dienen. Für meine Flucht nach Deutschland, zu meinem Onkel. So hatte es sich meine Mutter überlegt. Ohne Weiteres kam sie allerdings gar nicht mehr an das Geld heran. Überweisungen in das Bürgerkriegsgebiet im Norden waren mittlerweile nicht mehr möglich, sie musste das Geld in Colombo selbst abheben. Auch Telefonate ins Ausland konnten nur noch von der Hauptstadt aus getätigt werden.

Meine Mutter hängte ihre Idee, mich nach Deutschland zu schicken, sicher nicht an die große Glocke. Innerhalb der Familie sprach sie aber offenbar mit dem ein oder anderen, auch mit der Großmutter meiner heutigen Schwägerin. Die alte Frau riet meiner Mutter unverblümt dazu, nicht erst allein nach Colombo zu fahren, das Geld abzuholen und mit ihrem Bruder zu telefonieren, sondern sofort Nägel mit Köpfen zu machen und mich mitzunehmen. «Was behältst du ihn hier? Willst du noch ein Kind verlieren? Schick ihn zu deinem Bruder nach Deutschland, dann lebt er wenigstens. Und ihr habt was für die Zukunft.» Ich habe ihre Worte noch im Ohr, ich saß dabei, als die beiden Frauen das beste Vorgehen erwogen. Einerseits verstand ich, was gesagt wurde, andererseits begriff ich nicht, dass da über mein Leben entschieden wurde.

Meine Mutter fragte mich, ob ich nach Deutschland gehen wolle. Ich war sofort einverstanden: «Ja, wenn ich dort wieder zur Schule kann.» Die Entscheidung fiel innerhalb von nur 24 Stunden. Welche Dimensionen sie umfasste – davon hatte ich keinen blassen Schimmer.

Meinen Vater zu überzeugen war nicht leicht. Ich war ja seine rechte Hand, seine Stütze in unserem Geschäft. Und überhaupt war er nicht damit einverstanden, mich auf Gedeih und Verderb irgendwelchen Schleppern zu überlassen. Aber meine Mutter drängte ihn, bis er nachgab.

Dann ging es auch gleich los. Ich konnte mich von niemandem verabschieden, weder von meinen Großeltern noch von meinen Freunden, auch nicht richtig von meinen Geschwistern. Der Kreis derjenigen, die Bescheid wussten, sollte klein bleiben, unter anderem, weil viel Geld im Spiel sein würde. Zudem war gar nicht gesagt, dass mein Fluchtversuch überhaupt klappen würde. Vielleicht wäre ich in ein paar Tagen ja schon wieder zurück.

Ein seltsames Gefühl aus Trauer und Unverbindlichkeit beherrschte mich. Es stand etwas Großes bevor, aber dass das rundum positiv sein würde, wagten wir nur ganz verhalten zu hoffen. Keiner von uns konnte ahnen, dass ich erst 23 Jahre später nach Sri Lanka zurückkehren würde, dass ich meine Mutter nach 15 und meinen Vater erst nach 16 Jahren wiedersehen würde. Vielleicht ist es gut, dass man so etwas nicht weiß, es sich nicht einmal vorstellen kann. Den Gedanken würde man nicht ertragen und daher einen solchen Aufbruch niemals in Angriff nehmen.

Normale Busse fuhren schon längst nicht mehr. Wir warteten auf einen Lkw, der Reisende auf der Ladefläche Richtung Colombo beförderte – bei Nacht, um den Hubschraubern oder Flugzeugen kein Angriffsziel zu bieten. Meine Mutter passte nicht nur auf mich auf, sondern auch noch auf ein junges Mädchen, dessen Vater in Colombo wir kannten. Allein hätte es nicht reisen können, so nahm meine Mutter es unter ihre Fittiche. Wir drei und einige andere Reisende versammelten uns an einem Haus, in dem früher mein Klassenkamerad Suresh gelebt hatte und bei dem ich oft zu Besuch war. Inzwischen war das Haus von Granatenbeschuss zerstört, niemand wohnte mehr dort. Es spielte keine Rolle, von wo wir abfuhren, aber ich musste dauernd daran denken, wie es früher in der Schule gewesen war, wie oft ich bei Suresh gegessen hatte und welche Spiele wir gespielt hatten.

Die Menschen warteten in nervöser, ängstlicher Spannung. Endlich kam der Lkw, und wir kletterten hinten auf die Ladefläche. Vor unserer Haustür stoppte der Laster noch einmal. Mein Vater kam an die Ladeklappe und verabschiedete sich von mir. Er ermahnte mich, immer anständig zu bleiben und meiner Mutter zu gehorchen. Ich versprach ihm natürlich alles, begriff aber nicht in Gänze, warum er so feierlich auftrat, mit einem schmerzerfüllten Gesichtsausdruck. Mir war einfach nicht klar, dass ich gerade dabei war, mein Zuhause zu verlassen. Und noch weniger ahnte ich, was das bedeutete: dass ich alles und jeden zurücklassen würde.

Wir kamen nur langsam voran. Die Straßen waren schlecht, der Lkw musste in der pechschwarzen Nacht permanent um Bombenkrater herumkurven. Oft rumpelten wir durch ausgetrocknete Flussbetten und Tümpel, um Sperren auszuweichen. Einmal steckten wir in einer schlammigen Stelle fest und mussten von einem Traktor herausgezogen werden.

An einigen Stellen stiegen weitere Passagiere zu, am Ende waren wir wohl 20 bis 25 Leute. Einige wollten das Land verlassen, andere nur nach Colombo. Irgendwo auf der Strecke gab es einen Checkpoint der sri-lankischen Armee, wo wir nach Waffen durchsucht wurden, unsere Papiere zeigen und unzählige Fragen beantworten mussten. Von dort aus ging es mit der Bahn weiter. Die Züge quollen über vor Menschen. Nur mit äußerster Mühe schafften wir es, uns in einen Waggon zu quetschen. Schließlich erreichten wir spätnachts Colombo, drei Tage nach unserer Abreise. Fürs Erste kamen wir im Haus des Mannes unter, dessen Tochter wir mitgenommen hatten. Nach ein paar Tagen zogen wir in eine Art Lodge. Die regulären Zimmer konnten wir uns natürlich nicht leisten, aber der Besitzer überließ uns eine kleine Garage. Wir schliefen auf Matten aus Palmwedeln auf dem Boden, hängten unsere wenigen Sachen an Nägeln auf und kamen irgendwie klar. Der große Vorteil dieses Orts: Er war besonders preiswert, und direkt nebenan im Büro gab es ein Telefon.

Ich weiß noch genau, wie meine Mutter mit ihrem Bruder in Deutschland sprach. Sie bettelte ihn an, sie flehte darum, dass er mich aufnehmen möge. Meine Mutter war mir immer als sehr stark erschienen. Jetzt sprach sie in einem unterwürfigen Tonfall mit meinem Onkel. «Bitte, bitte hilf uns. Nimm den Jungen auf. Er wird dir keine Sorgen bereiten. Er ist ein guter Junge, vernünftig, fleißig. Er wird dir alles zurückzahlen und nichts schuldig bleiben. Du wirst sehen, es wird keine Probleme geben.» Meine Mutter wollte also zweierlei von meinem Onkel: weiteres Geld, um die Schlepper zu bezahlen, und die Bereitschaft, mich in seine Familie aufzunehmen, zusätzlich zu seinen beiden kleinen Kindern.

Er sagte nicht sofort zu, was ich heute durchaus verstehen

kann. Mein Onkel lebte in Hamburg, damals war er noch ein ungelernter Arbeiter und verdiente nicht besonders viel Geld. Mit seiner eigenen Familie hatte er schon genug Verpflichtungen zu bewältigen. Möglicherweise hatte er mit seinem Ersparten auch etwas anderes vor, als es in das waghalsige Projekt der Flucht eines Zwölfjährigen von Sri Lanka nach Deutschland zu stecken. Es würde Jahre dauern, bis ich die Summe von 15000 Mark zurückzahlen könnte – wenn überhaupt jemals. Schließlich, ich weiß nicht, nach dem wievielten Telefonat, willigte er ein.

Nun ging es daran, einen Schlepper ausfindig zu machen. Meine Mutter fragte diesen und jenen, erhielt Tipps von Bekannten, die wiederum Hinweise von Freunden erhielten usw. Wer ist zuverlässig, wer kostet ein Vermögen, wer verlangt niedrigere Preise und hat trotzdem einen guten Ruf? Sie musste eine Vielzahl von Dingen beachten und miteinander übereinbringen. Wir liefen von hier nach da und wieder zurück.

Ich fand unsere Touren ungeheuer spannend. Colombo war für mich Provinzei eine funkelnde, energiegeladene Welt, ganz anders als unser Dorf im Norden. Die vielen Lichter auf der Straße, die Hochhäuser, Ampeln, Zebrastreifen – alles war zum Staunen. Meine Mutter brachte mir unterwegs eine Menge bei. Sie dachte immer weit voraus und wusste, dass ich mich, wenn es erst mal so weit war, auf dem Flughafen vollkommen natürlich verhalten müsste. Deshalb übte sie mit mir in den Kaufhäusern, Rolltreppe zu fahren und den Aufzug zu benutzen, Schilder richtig zu lesen und die Richtungsanweisungen ohne Zögern zu befolgen. Sie kaufte mir eine neue Jacke, wahrscheinlich secondhand. Es war ein Etikett darin eingenäht: C&A. Damals wusste ich natürlich nicht, dass das einer Verheißung gleichkam. Ich fand einfach toll, dass ich eine neue Jacke bekam. Ich trug sie in Sri Lanka sicherheitshalber nicht, damit nur ja kein Fleck draufkam.

Wir waren schon einige Monate in Colombo, als sich herausstellte, dass ich noch eine Schulabgangsbescheinigung zusätzlich zu meinem Pass benötigte. Meine Mutter musste also wieder zurück nach Hause. Sie entschied, mich sicherheitshalber nicht mitzunehmen, und brachte mich bei meiner Großtante unter, die in Kandy wohnte. Wieder eine neue Erfahrung. Kandy ist eine große Stadt inmitten des Hochlands, wo Tee angebaut wird. Die hügelige, grüne Landschaft ist vollkommen anders als in der Küstengegend nahe unserem Dorf. Die Fahrt auf der serpentinenreichen Landstraße war aufregend. Mal sah man auf der einen, mal auf der anderen Seite steil abfallende Schluchten, und in jeder der schmalen Kurven fürchtete ich, dass wir umkippen würden. Ab und zu sah man tatsächlich ein altes Autobuswrack, halb überwuchert von Büschen und kleinen Bäumen. Und manchmal erblickte ich einen abgestürzten Bus, der noch nicht besonders lang dort liegen konnte ...

Es ging alles gut, und ich verbrachte ein paar schöne Wochen bei der Großtante, bis meine Mutter wieder da war und wir nach Colombo zurückkehrten. Wir kamen erneut in der kleinen Garage unter. Eines Morgens um vier Uhr weckte mich meine Mutter. Es war so weit. Laut Plan sollte ich nach Singapur fliegen, angeblich um Verwandte zu besuchen. Sie badete mich und half mir beim Anziehen, als ob ich ein kleines Kind wäre. Ich ließ es geschehen, obwohl ich natürlich alles selbst hätte erledigen können. Doch ich spürte, dass es hier um etwas anderes ging als übertriebenes Kümmern. Sie tat es feierlich, jeder Handgriff war ein ganz bewusster Akt, weil alles zum letzten Mal geschah. Ich zog mir den Gürtel durch die Schlaufen meiner Hose, falsch herum. Sie korrigierte mich sofort: «Wir dürfen keinen Fehler machen. Man muss dir anmerken, dass du aus einem ordentlichen Haushalt kommst.»

Der VW-Bus fuhr vor. Wir mussten Abschied nehmen, meine Mutter konnte nicht mit zum Flughafen kommen, sie hätte ihre Trauer wohl nicht beherrschen können. Ich fing an zu weinen, und auch ihr kamen die Tränen – meine starke Mutter in Tränen! Sie zog mich an sich und murmelte ein Gebet, dass ich gesund und sicher in Deutschland ankommen möge. Dann stieg ich in den VW-Bus zu den anderen, die ebenfalls das Land auf illegale Weise verlassen wollten. Es war der 6. Januar 1991, knapp fünf Monate nach unserem Aufbruch in Puttur.

Jahre später zeigte meine Mutter mir einen Zettel, auf dem sie nach unserem Abschied notiert hatte: «Heute wurde Umes abgeholt. Wir haben geweint, und er hat mich getröstet.»

# 4.
# Afrika

Die Halle des Flughafens in Colombo erschien mir gigantisch, ich war solche Gebäude nicht gewohnt. Heute sehe ich das alles mit anderen Augen und muss innerlich lachen, dass mir der kleine, eher provinzielle Flughafen so groß erschienen war. Aber ich war ja selbst provinziell. Im Flugzeug wendete ich das erste Mal im Leben Messer und Gabel beim Essen an. Bei uns auf dem Land aß man üblicherweise mit den Händen. Wie man das Besteck benutzte, musste ich mir bei den anderen Passagieren abgucken. Sowieso war der allererste Flug in meinem Leben eine wahnsinnig aufregende Sache. Der Motorenlärm, das Anschnallen, der Druck beim Start, der mich in den Sitz presste, die Stewardessen, deren Englisch ich nicht verstand – alles war fremd und unbegreiflich. Ein Mann, der neben mir saß, half mir, den Fragebogen für die Einreise nach Singapur auszufüllen. Das heißt, im Grunde machte er das allein. Ich antwortete auf jede seiner Fragen «yes», ohne die geringste Ahnung zu haben, worum es ging. Inständig hoffte ich, dass er alles richtig ausfüllte. Denn wenn ich direkt von Singapur nach Sri Lanka zurückgeschickt worden wäre, hätte mir Gefängnis oder Schlimmeres gedroht. Illegale Ausreiseversuche wurden hart bestraft.

Fürs Erste schien aber alles zu klappen. Mit anderen Tamilen wurde ich in Singapur in eine Unterkunft gebracht, wo wir warten sollten, bis die nächste Etappe begann. Wir hatten keine Vorstellung davon, wie lange wir ausharren sollten. Schließlich dauerte es eine Woche. Dann saß ich wieder im Flugzeug, in der Hoffnung, dass die Landung irgendwo in Europa stattfände, am besten in Deutschland. Aber nein, so weit war ich noch nicht, noch längst nicht. Nach einem Zwischenstopp in Dubai ging es in einer klapprigen Maschine weiter. Nach mehreren Stunden landeten wir.

Zunächst war mir nicht klar, wo ich mich befand, ich staunte über die vielen Menschen mit dunkler Hautfarbe und krausen schwarzen Haaren. Europa war es offenbar nicht. Dann stellte sich heraus, dass ich mich in Afrika befand, in Togo. Nach meinen sechs Schuljahren war ich zwar in Geografie nicht besonders bewandert, aber ich hatte das deutliche Gefühl, dass Togo nicht auf dem direkten Weg nach Deutschland lag. Natürlich nicht.

Es gibt keine direkten Wege der Flucht. Wer illegal reist, kann nicht die geraden, kurzen Strecken benutzen. Er muss Haken schlagen, Umwege nehmen und lange warten, immer wieder warten. Darauf, dass Hürden fallen, Mittelsmänner eine neue Möglichkeit gefunden haben, einen irgendwohin zu schleusen, und die richtigen Leute an den Nadelöhren der Routen geschmiert werden können.

Als Flüchtling ist man nicht Herr seines Schicksals, sondern auf Gedeih und Verderb den Schleppern ausgeliefert. Selbst wenn sie einem nichts tun und sogar ihren im Voraus bezahlten Auftrag erfüllen, weiß man nie, woran man ist. Man ist abhängig von ihnen. Ein Flüchtling kann nicht einfach gehen, wenn es ihm zu viel wird oder er Zweifel am Erfolg des Unternehmens bekommt. Er ist ja illegal, er kennt sich nicht aus, er hat kein Visum, er weiß nicht, wohin. Bei den

Schleppern ist es gefährlich, aber überall sonst ist es genauso oder sogar noch gefährlicher. Nirgendwo gibt es Sicherheit, der Flüchtling kann sich an niemanden wenden, keinem vertrauen. Und wenn er es doch tut und betrogen wird, landet er im Gefängnis oder wird abgeschoben. Es ist ein Gefühl, als ob einem der Boden unter den Füßen weggezogen worden wäre. Man schaut in einen Abgrund, ohne den tiefsten Punkt sehen zu können. Offenbar unweigerlich wird man in diesen Abgrund hineingesaugt. Diese existenzielle Unsicherheit über Wochen und Monate wirkt wie eine Krankheit, wie ein Krebs. Sie breitet sich im Körper aus und raubt die Kraft, die man doch zum Durchhalten so dringend benötigt.

Ich will hier nur in groben Zügen beschreiben, wie mein Weg verlief. Die Details meiner Flucht habe ich in meinem ersten Buch geschildert, das rund 15 Jahre nach den Ereignissen erschien. Es hat mir sehr geholfen, die Traumata zu verarbeiten, die noch immer bestehen. Auch wenn ich nach meiner Ankunft in Deutschland scheinbar gut zurechtkam, würde ich heute sagen: Die Verletzungen und die Angst waren nicht bewältigt, sie waren nur gut weggesteckt.

Insgesamt sieben Monate verbrachte ich in Togo. Ich habe es später ausgerechnet. Dort kam mir das Zeitgefühl phasenweise abhanden, weil wir weitgehend abgeschnitten von der Außenwelt in einem Haus untergebracht waren. Ich war einer von ungefähr zweihundert Flüchtlingen, viele von ihnen Tamilen. Wir alle hockten in dem Haus, zusammengepfercht in großen, kaum möblierten Räumen. Männer und Frauen waren streng getrennt untergebracht, auch die Ehepaare. Oben wohnten die «Bosse», unsere Schlepper. Sie bewachten uns, ließen sich von uns bedienen und bestachen mit Geld die Polizei, die einmal im Monat vorbeikam.

Ich hatte das Glück, drei tamilische Jungs in meinem Alter zu finden, die ebenfalls allein unterwegs waren. Ihre Väter befanden sich bereits in Europa, die Mütter lebten in Sri Lanka. Wir bildeten einen kleinen Club der Einsamen. Nachts starrten wir, auf dem Dachboden liegend, gemeinsam durch die Luken die Sterne an und dachten an all die Lieben, die wir zurückgelassen hatten. Oft beteten wir gemeinsam zu Shiva, dem «Glückverheißenden», dass dieser Zustand bald ein Ende haben möge und wir Europa erreichten. Doch Shiva hörte weg, unsere Gebete bewirkten erst einmal nichts. Ab und zu brachte ein Neuankömmling Nachrichten aus unserer Heimat mit. Meist waren es Hiobsbotschaften von Bombenanschlägen und vielen Toten in Jaffna. Ob unsere Familien darunter waren? Niemand konnte es sagen. Wir weinten viel, jeder für sich und alle gemeinsam.

Ich machte mich nützlich, so gut ich konnte, und kaufte für die Frauen, die das Haus nicht verlassen durften, auf dem Markt ein. Die Verkehrssprache war Französisch, was ich nicht beherrschte. Doch es machte kaum etwas aus, meine früheren Verkaufserfahrungen fielen auch auf dem Markt in Lomé positiv ins Gewicht. Ich scherzte mit den Verkäuferinnen in einer erfundenen Sprache, wir lachten viel, und sie amüsierten sich über mein Expertentum, was den Zustand der Früchte und des Gemüses betraf. Oft bekam ich ein Stück geschenkt, auch von den Frauen, deren Erledigungen ich übernommen hatte. Diese Gaben waren eine willkommene Bereicherung des kargen Speiseplans.

Meine Mutter hatte mir 100 Dollar mitgegeben, als eiserne Reserve. 100 Dollar für eine illegale Reise von Sri Lanka nach Deutschland. Ich passte darauf auf wie ein Luchs und gab nichts aus. Ich musste langfristig denken: Was wird morgen sein, was übermorgen? Einen Tag allerdings nahm ich zum Anlass, meinen Vorrat anzugreifen: Es war mein 13. Geburtstag. Ich war krank gewesen. Viele von uns wurden öfter krank. Meistens handelte es sich um Magen-Darm-Probleme. Die hygienischen Verhältnisse waren katastrophal, die Toiletten liefen oft über, und die Bescherung musste dann abgepumpt werden. Aber nun ging es mir wieder gut, und ich zog mit zwei oder drei Erwachsenen zum Markt, um mir selbst ein Hemd oder ein T-Shirt zu schenken. Nach intensiver Recherche fiel meine Wahl auf ein braunes Polohemd mit weißen Streifen und einem kleinen Krokodil auf der Brust. Natürlich kannte ich die Marke Lacoste nicht, das Zeichen gefiel mir einfach. Außerdem erstand ich noch mehrere Tüten Kondensmilch von Nestlé. Ein paar von uns hatten nämlich den englischen Nachmittagstee eingeführt, selbstredend in der Sparversion. In einem großen Topf kochten wir aus wenigen Blättern einen dünnen Tee und gossen ihn in kleine Tässchen. Und wenn jemand Geburtstag hatte oder ein bisschen Geld extra, kaufte er Kondensmilch dazu.

Diesen Geburtstag werde ich nie vergessen. Ich hatte das Beste aus dem Geld rausgeholt, was möglich war, außerdem noch einiges übrig. Und Geschenke bekam ich auch: ein paar Orangen. Sie schmeckten mir so gut wie keine je zuvor.

Gelegentlich gab es Versuche, einen Teil der Gruppe nach Europa zu schleusen. Einmal wurden 30 Männer über Benin nach Paris geflogen, aber umgehend von den Franzosen wieder zurückgeschickt. Ein anderes Mal brachen die Schlepper mit zehn Männern von uns in einem VW-Bus auf, um die Route über Marokko zu nehmen. Nach zwei Monaten waren sie wieder da, erschöpft und verhärmt. Es schien, als ob alles zum Scheitern verdammt wäre.

Der psychische Druck war enorm. Man kann daran zerbrechen. Aber er kann auch abhärten. So war es bei mir. Der entscheidende Punkt bestand darin, dass mir der Krieg in Sri Lanka immer eine wahnsinnige Angst eingejagt hatte. Ich hatte Angst zu sterben oder dass meine Familie ausgelöscht würde. Trotz der prekären Umstände der Flucht war es daher eine Befreiung für mich, nicht mehr im Krieg zu sein. Ich hatte zu Hause oft Probleme mit dem Einschlafen gehabt, weil ich mir vorstellte, dass mich die Bomben im Schlaf treffen würden. Auf der Flucht konnte ich immer gut einschlafen, weil ich wusste, dass in der Nacht keine Bomben fielen, egal was sonst passieren würde.

Objektiv gesehen war ich zwar ein kleiner Junge, selbst nach meinem 13. Geburtstag. Ich selbst hatte jedoch eine andere Vorstellung von mir: Ich war der älteste Sohn und trug die Verantwortung für die Familie. Stets hatte es geheißen: «Du bist der Älteste, du wirst uns helfen. Und wenn du erst mal in Deutschland bist, wirst du uns Geld schicken.» Ich habe die Verantwortung nicht verweigert, sondern übernommen. Ich war der Hoffnungsträger für die ganze Familie. So eine Last kann einen Menschen zerdrücken. Weil man jede Entscheidung nicht nur für sich trifft, sondern auch so viele andere daran hängen. Ich würde sagen, dass ich an dieser Aufgabe gewachsen bin und sie mir viel Halt gegeben hat. Hätte ich nicht das Ziel und die Pflicht vor Augen gehabt, meine Familie zu unterstützen – wer weiß, ob ich mich nicht selbst verloren hätte.

Nach sechs Monaten in Togo ging es für mich weiter. Zuerst nach Ghana, zu Fuß über die Grenze, unauffällig zwischen dicken, vollbepackten Markthändlerinnen mitlaufend. Obwohl ich eine wahnsinnige Angst vor den Grenzpolizisten hatte und befürchtete, dass sie mir meine Illegalität ansehen würden, winkten sie mich einfach mit den Frauen durch. Von Ghana aus, so hatte unser Oberboss spekuliert, würden wir nach Europa kommen. Doch nach einem Monat hatte sich noch immer nichts getan, offenbar waren die ehemals sicheren Wege aufgeflogen. Jedenfalls ging es mit einem gefälschten Visum zurück nach Togo. Ich sah, dass die Tamilen, die ich Wochen zuvor verlassen hatte, alle noch da waren, sich also nichts und niemand bewegt hatte. Große Verzweiflung befiel mich. Die Leute hatten kein Geld mehr, konnten kein Trinkwasser mehr kaufen, hockten in diesem Loch und vegetierten vor sich hin – und es sah ganz so aus, als sollte das auch mein Schicksal sein.

Auf einmal hieß es, Jugoslawien sei eine Option, was angesichts des dort herrschenden Kriegs aber ausgeschlossen schien. Ein neuer Boss erschien auf der Bildfläche. Ich sollte nach Nigeria. Erneut verabschiedete ich mich von allen, wie ich es schon vor dem Aufbruch nach Ghana getan hatte. Würde es auf dasselbe hinauslaufen, auf eine Rückkehr?

Wieder ein heruntergekommenes Haus, wieder warten. Das erste Mal telefonierte ich dort mit dem Schlepper, dem meine Mutter das Geld gegeben hatte. Er bestimmte, wer wann aufbrach. Beim ersten Flug nach Europa war ich nicht dabei. Zwei Wochen später forderte er an einem Abend ein paar Leute auf, so auch mich, alle Sachen zusammenzuraffen, es gehe jetzt los. Eine kleine Gruppe von Tamilen, darunter ein paar Kinder, begab sich zum Flughafen. Wir warteten mehrere Stunden. Doch statt zu starten, ging es wieder zurück in die Unterkunft. Ein neuerlicher Fehlschlag! Den Grund erfuhren wir nicht. Nie erklärte jemand, warum etwas so und nicht anders geschah. Immer hofften wir, nie erfüllten sich unsere Wünsche.

Am nächsten Morgen erneut raus, wieder zum Flughafen, wieder hoffen. Und dieses Mal klappte es tatsächlich. Wir hoben ab. Ich war glücklich. Gleichzeitig war mir klar, dass noch längst nicht alles ausgestanden war. Die Franzosen hatten die Gruppe, die Wochen zuvor in Paris gelandet war, sofort wieder zurückgeschickt. Wer wusste schon, was die Deutschen machen würden?

Nach einem kurzen Zwischenstopp in Madrid landeten wir am 9. September 1991 in Frankfurt. Wenn ich nicht so viel Angst gehabt hätte, wäre ich selig gewesen. Meinen Pass mit den gefälschten Visa hatte ich, wie es mir die Bosse eingetrichtert hatten, noch im Flugzeug zerrissen und die Toilette hinuntergespült. Das war die Regel: «Wenn sie nicht wissen, wo du herkommst, können sie dich auch nicht sofort zurückschicken. Deshalb gibst du auch nicht den wahren Ort deiner Abreise an, sondern sagst Bangkok.» Ich hatte kein Gepäck, nur meine kleine Sporttasche, stand in der Ankunftshalle herum und wusste nicht, was ich machen sollte. Langweilig war mir aber nicht, noch nie hatte ich so viele weiße Menschen gesehen, viele von ihnen mit gelben oder roten Haaren. Ich war fasziniert.

Dann kamen zwei Frauen vom Sozialdienst und brachten mich in ein Büro, in dem mehrere Polizisten saßen. Ein tamilischer Dolmetscher fragte mich die verschiedensten Dinge und erklärte sie dann auf Deutsch den Beamten. Er versuchte, mich zu beruhigen und mir zu vermitteln, dass ich keine Angst haben müsse. Ich war nicht ganz überzeugt. Als einer der Polizisten mir mit freundlichem Lächeln ein Stück Schokolade gab, fing ich langsam an, mich zu entspannen.

Meine erste Nacht in Deutschland verbrachte ich in einem Aufnahmeheim für Kinder und Jugendliche der Arbeiterwohlfahrt in Kronberg im Taunus. Es hieß «Haus Waldfriede» und befand sich in einer großen ehemaligen Industriellenvilla.[1] Ich hatte einen Bärenhunger, was man mir offenbar auch ansah. Man servierte mir einen Teller mit einer gebackenen Teigspeise, in deren Mitte sich ein großer roter Fleck befand. So etwas hatte ich noch nicht gesehen. Mein überhitztes und zugleich vollkommen übermüdetes Gehirn kam zu dem Schluss, dass es sich nur um Blut handeln könne. Mir wurde ganz schlecht. Hunger hatte ich aber trotzdem. Vorsichtig kniff ich die unblutigen Ränder ab, probierte und hatte den Eindruck, dass es sich um Teig handelte, den ich essen könnte. Fragen konnte ich niemanden. Später lernte ich, wie Pizza aussah und dass die rote Mitte nicht aus Blut, sondern aus Tomaten besteht. Aber so weit war ich damals noch längst nicht.

Ich durfte meinen Onkel in Hamburg anrufen. Als ich seine Stimme hörte, war alles gut. Diese Nacht sollte ich im Heim verbringen, dann würde er mich abholen.

# 5.
# Ankunft

Wenn ich heute Bilder von Flüchtlingen sehe, die im Mittelmeer aufgegriffen werden oder die in irgendeinem Lager hinter dem Zaun sitzen, befällt mich das Gefühl großer Traurigkeit. Ich erinnere mich an meine eigene Flucht und an die Menschen, die mit mir zusammen versuchten, illegal einzureisen. Ich versuche mir vorzustellen, was diese neuen Flüchtlinge schon alles hinter sich haben mögen und welcher Druck wohl auf ihnen lastet. Ihre Situation kann ich sehr gut nachvollziehen, aus eigener Erfahrung.

Am liebsten würde ich den Menschen sagen, dass ihr Leid bald ein Ende hat und sie hierbleiben können. Aber ich weiß, dass das nicht realistisch ist. Denn ich bin nicht mehr nur der Flüchtling, der ich einmal war. Als Mitglied der deutschen Gesellschaft sehe ich auch die Probleme. Als Gesellschaft schaffen wir es nicht, unbegrenzt vielen Menschen ein Zuhause zu bieten. Finanziell könnte der deutsche Staat eine Menge leisten, doch in kultureller Hinsicht sehe ich Schwierigkeiten im Hinblick auf die Integration. Und das ist meines Erachtens die Hauptsache.

Wir sind uns selbst humanitäres Handeln schuldig, das heißt, wir sind verpflichtet, uns um die Verfolgten und Bedrohten zu kümmern und ihnen Obdach zu gewähren. Doch wir können nicht allen Menschen ein Zuhause bieten, die auf ein besseres Leben hoffen. Das Grundgesetz nennt in Artikel 16a sehr präzise, welche Faktoren ein Recht auf Asyl begründen: ausschließlich die politische Verfolgung eines Menschen sowie die Gefahr, im Falle einer Rückkehr in seine Heimat schweren Menschenrechtsverletzungen ausgesetzt zu sein – aufgrund seiner Rasse (im Sinne der Genfer Flüchtlingskonvention), seiner Nationalität, seiner politischen Überzeugung, seiner Religion oder seiner Zugehörigkeit zu einer bestimmten sozialen Gruppe.

Ich finde, dass man sich diese Gründe häufiger vor Augen führen muss. Allgemeine Perspektivlosigkeit im Heimatland ist demnach kein Asylgrund. Dennoch taucht dieses Motiv in vielen Debatten über Flüchtlingspolitik immer wieder auf, gern im Zusammenhang mit dem Vorhaben, «Fluchtursachen zu bekämpfen». Ich glaube nicht, dass so etwas flächendeckend wirksam werden kann, selbst wenn alle Staaten der EU, die USA und einige weitere an einem Strang zögen – was sie nicht tun. Vielmehr meine ich, dass man es mit klar definierten Einwanderungskriterien, zum Beispiel Bildungsgrad oder Deutschkenntnissen, sogenannten Wirtschaftsflüchtlingen und der deutschen Gesellschaft leichter macht, das Bedürfnis nach einem besseren Leben auf der einen Seite mit den Möglichkeiten der Integration auf der anderen Seite zu verbinden. Eventuell wäre ein Punktesystem nach kanadischem Vorbild auch für uns eine Option.

Was alle Debatten über Flüchtlinge und Einwanderung behindert, ist das Durcheinander der Begriffe und der damit verbundenen politischen Inkonsequenz. Asyl und Einwanderung sind nicht dasselbe. Wir sollten uns nicht davor drücken, klar zu sagen, dass wir zum einen selbstverständlich den Schutzbedürftigen helfen. Zum anderen wollen wir aber definieren, wer nach Deutschland einwandert, und auch klarstellen, dass es nicht auf die Herkunft, sondern auf die gemeinsam gewollte Zukunft ankommt. Es wäre dringend angesagt, endlich eine Systematik in die verschiedenen Stränge von Asyl, Migration und Einwanderung zu bringen, die Schnittstellen und eventuelle Übergänge zu regeln und das auch entsprechend zu kommunizieren.

2015 gelangten sehr viele junge Männer nach Deutschland.[2] Für sie war oder ist es schwer, sich zu integrieren. Wie ich immer sage: Ihre Wurzeln waren im Heimatland schon sehr stark ausgeprägt. Und ein Baum mit dicken, kräftigen Wurzeln und einem eigenen Charakter schlägt in neuer Erde nicht mehr so gut an. Bei mir war es anders. Ich war ein kleines Bäumchen, ein Mangobaum mit nur kleinem Wurzelansatz, konnte mich also noch gut integrieren.

Allerdings hatte ich auch großes Glück. Ich musste nicht monatelang untätig in einer Flüchtlingseinrichtung herumsitzen und auf irgendwelche Bescheide oder Bewilligungen warten, sondern kam in der Familie meines Onkels unter, der schon jahrelang in Deutschland lebte. Auch wenn die Verhältnisse nicht ganz einfach waren: Dieses Eingebundensein in eine Familie und ihren Alltag hat vieles erleichtert. Am meisten jedoch trug die Schule zu meinem Ankommen in der deutschen Gesellschaft bei. Wenn ich heute also die Bilder von Flüchtlingen sehe, bin ich tieftraurig, aber gleichzeitig auch dankbar, dass ich so viel Glück gehabt habe. Zwar bin ich von Natur aus ein Kämpfer – aber auch der braucht Glück und Unterstützung.

Als am Tag nach meiner Ankunft im Kinderheim mein Onkel vor mir stand, war ich unendlich erleichtert und glücklich. Ich hatte mich ja gut durchgeschlagen, aber dass jetzt ein

Verwandter Verantwortung für mich übernahm, empfand ich als regelrechte Erlösung. Ich konnte mich entspannen, zumindest fürs Erste. Ich kannte meinen Onkel nicht. Ich war gerade ein Jahr alt, als er 1979 nach Deutschland ging. Meine Mutter hatte mir eingeschärft, auf ein bestimmtes Merkmal zu achten, um ihn zu identifizieren, eine Narbe an der Stirn. Die hatte er nach einem Unfall in seiner Kindheit zurückbehalten. Ich sah sie sofort. Er sprach mich auf Tamil an, vertraute Töne. «Umes, jetzt hast du es geschafft. Alle freuen sich, dass du wohlbehalten angekommen bist. Deine Tante hat dir ein paar feine Sachen gebacken, die sind im Auto. Komm, wir fahren jetzt nach Hause.» Ich war selig. Er unterschrieb ein paar Papiere, und dann ging es Richtung Norden.

Mein Onkel hatte einen Freund mitgebracht, Pala. So musste er die lange Fahrt hin und zurück nicht ganz allein bewältigen. Der Onkel war eher zurückhaltend, Pala hingegen fragte sehr interessiert nach den Details meiner Flucht, wie ich zurechtgekommen war, was ich in Afrika erlebt und wen ich kennengelernt hatte. Ich habe viel erzählt, es erleichterte mich, alles unbefangen aus mir herauslassen zu können, nachdem ich mich monatelang immerzu beherrschen musste. Pala war ein lustiger Typ, ich fragte ihn im Gegenzug nach all den deutschen Dingen aus, die ich vom Auto aus sehen konnte. Das Autofahren selbst war schon eine Sensation, bisher war ich erst einmal im Leben mit einer solchen Geschwindigkeit gefahren, und das war gerade am Abend zuvor gewesen, auf der Fahrt vom Flughafen ins Kinderheim.

Als wir nach sechs oder sieben Stunden in Hamburg-Mümmelmannsberg eintrafen, begeisterten mich die Hochhäuser. In einem davon würde ich nun wohnen. Immer mal wieder hatte in Puttur einer der Ausgewanderten berichtet, dass er in der Fremde in einem Hochhaus lebte. Für uns in den einfachen, maximal zweistöckigen Häusern war das der Inbegriff des Fortschritts und der Moderne. Entsprechend entzückt war ich, dass mein neues Zuhause ab jetzt auch ein Hochhaus sein sollte. Mümmelmannsberg liegt ganz im Osten Hamburgs, es ist ein kleines Viertel innerhalb des Stadtteils Billstedt. Die Wohnsiedlung wurde in den 1970er-Jahren errichtet, die Hochhäuser waren also schon nicht mehr ganz taufrisch, als ich dort einzog. Wie die Bevölkerungsstruktur damals genau aussah, weiß ich nicht, heute jedenfalls sind der Ausländeranteil und die Zahl der Bewohner mit Migrationshintergrund sehr hoch, ebenso die Zahl der Arbeitslosen und der Hartz-IV-Empfänger.[3] Aber auch damals muss es ähnlich gewesen sein: Mümmelmannsberg war eine typische Plattenbausiedlung. Sozialer Brennpunkt, könnte man sagen. Mittlerweile wurden Gebäude und Wege saniert, man hat versucht, die Siedlung etwas urbaner zu gestalten. Damals machte es auf kritische Geister bestimmt keinen besonders anheimelnden Eindruck. Doch ich fand's toll!

Ich betrat die Wohnung im dritten Stock und mich empfing Sri Lanka im Kleinen: Tamilische Musik lief, Fotos von der Familie hingen an den Wänden, Stoffe und Kissen mit unseren traditionellen Mustern lagen auf der Couch. Aber vor allem: Es roch überwältigend gut nach Curry. Wie hatte ich das vermisst! Kaum war die Begrüßung der Tante und der beiden Kinder vorbei, riefen wir meine Mutter an. Was ich bis dahin nicht wusste: Sie war noch immer in Colombo, in der Garage auf der Lodge. Mein Vater hatte ihr verboten, nach Hause zu kommen, ehe klar war, dass ich in Sicherheit sei. Er hatte es ja von vornherein als zu gefährlich empfunden, mich wegzuschicken, nicht ganz zu Unrecht. Wir riefen in der Zentrale der Lodge an, die Mitarbeiter holten sie ans Telefon. Damals waren die Gespräche nach Übersee noch unglaublich teuer, 5 Mark pro Minute, glaube ich. Weder sie noch ich konnte etwas sagen, als sie endlich am anderen Ende der Leitung war. Wir weinten beide zu heftig. Für 5 Mark pro Minute weinten wir über Tausende von Kilometern hinweg.

# 6.
# Hamburg-Mümmelmannsberg

Die Wohnung war klein, 55 Quadratmeter, und bestand aus Schlaf- und Wohnzimmer sowie Küche und Bad. Sie war schon vorher nicht gerade üppig bemessen für ein Ehepaar mit zwei Kindern. Nachdem ich eingetroffen war, wurde sie aber wirklich sehr klein. Anfangs schliefen wir alle im Schlafzimmer, nach ein paar Wochen bekam ich ein gebrauchtes Schrankbett, das man tagsüber hochkant aufstellen konnte, und einen kleinen alten Schreibtisch geschenkt. Den bauten wir im Wohnzimmer hinter dem Sofa auf, das Schrankbett daneben. Es war nicht ideal, aber immerhin meine Ecke. Klein, weder räumlich noch akustisch abgetrennt, was später vor allem die Schulaufgaben erschwerte, doch immer noch besser als in einem Schlafsaal mit vielen Leuten wie in Togo. Die großartigen Einrichtungen, die das Haus sonst bot, interessierten mich zunächst sowieso mehr. Der Müllschlucker beispielsweise faszinierte mich. Es war auf den halben Etagen jeweils einer angebracht. Man öffnete die Klappe, warf seinen Abfall in den schaufelartigen Schlund, schmiss die Klappe mit Schwung zu – weg war der Müll, nur ein leise verklingendes Rumpeln war noch eine kleine Weile zu hören. Ich grübelte über dem Rätsel, wie das wohl funktionieren konnte. In Sri Lanka gab es weniger Müll, und den sammelten wir in Eimern oder Tüten. Ab und zu wurde etwas verbrannt oder als Kompost auf die Felder gebracht.

Doch hier in Hamburg lief alles anders. Wir gingen häufig in den Supermarkt. Meine Tante kaufte sogar das Trinkwasser ein. Dafür hatten wir zu Hause den Brunnen. Die meisten Produkte waren verpackt. Das kannte ich im Grunde nur von Drogeriewaren. Fast alles war anders als vorher oder ganz neu: die vielen Apfelsorten, die Teemischungen, der elektrische Herd, der ohne Feuerholz zu bedienen war, der Kühlschrank, in dem man das Essen aufbewahren konnte, bis man Hunger hatte, die tragbaren Musikgeräte, aus denen unter anderem Michael Jackson ertönte, der Schnee, der ein paar Monate nach meiner Ankunft fiel. Ich versuchte, die Flocken zu fangen. Manchmal gelang es, doch aufbewahren konnte ich sie zu meinem größten Bedauern nicht.

Auch wenn das meiste neu war, einiges blieb wie früher. Zum Beispiel meine wahnsinnige Angst vor Hubschraubern. Als das erste Mal ein Rettungshubschrauber über unser Haus flog und ich das charakteristische Knattern der Rotoren hörte, geriet ich in Panik. Ich raste in die hinterste Ecke der Wohnung, hockte mich so klein wie möglich auf den Boden, presste die Hände auf die Ohren und erwartete schweißgebadet den Beschuss. Meine Tante kam hinter mir her und redete beruhigend auf mich ein. Sie versuchte mir zu erklären, dass in Deutschland kein Krieg herrschte und der Hubschrauber nur auf dem schnellsten Wege Verletzte ins Krankenhaus brachte. Ich konnte es nicht so recht glauben, und es dauerte sehr lange, bis ich meine reflexhafte Angst überwand.

Deutschland ist Behördenland, das lernte ich schnell. Das Wichtigste war, dass mein Onkel einen Asylantrag für mich stellte und die Vormundschaft übernehmen konnte. Dafür musste er einen Anwalt besorgen. Beide Anträge reichte er schon wenige Tage nach meiner Ankunft in Deutschland ein. Dem Asylantrag wurde nicht stattgegeben, obwohl der Anwalt ausführlich auf die Bürgerkriegslage in Sri Lanka einging und meine Gefährdung beschrieb, als über Zwölfjähriger von den Tamil Tigers zum Dienst rekrutiert zu werden. Stattdessen erhielt ich lediglich eine befristete Aufenthaltsduldung. Mir waren die Konsequenzen zum Glück nicht klar. Eine Duldung ist der denkbar schlechteste Status. Sie bedeutet, dass man abgeschoben wird. Aus humanitären oder anderen Gründen wird die Abschiebung allerdings nicht oder nicht sofort vollzogen. Eine Duldung bestätigt lediglich, dass man sich nicht illegal in der Bundesrepublik aufhält. Man ist an das Bundesland gebunden, in dem man gemeldet ist. Und für jede Bewegung benötigt man eine Genehmigung. Das war später bei den Klassenfahrten immer sehr nervig. Für ein paar Kilometer weg von Hamburg-Mümmelmannsberg brauchte ich schon eine Genehmigung der Ausländerbehörde.

Was die Vormundschaft meines Onkels betraf, im Behördendeutsch seine «Bestallung», lief es einfacher, doch es dauerte immerhin vier Monate, bis alles unter Dach und Fach war. Ende Januar 1992 erhielt mein Onkel den Bescheid, nebst einer dreiseitigen, nicht vollständigen Belehrung (das «nicht» war fett hervorgehoben), welche Pflichten damit verbunden seien.

Die ersten Meter meines Wegs zum erlaubten, dauerhaften Bleiben stecken in vielen Dokumenten dieser Art, die ich in einem dicken Aktenordner gesammelt habe. Über die Jahre stellten mein Onkel und ich eine Menge verschiedener Anträge und bekamen die entsprechenden Bescheide, mal positiv, häufig negativ. Es wimmelt von Stempeln auf den einzelnen

Blättern, Vermerken zum Eingang, Amtsbezeichnung, Datum, Namen und Funktionen des Bearbeiters, kryptische Abkürzungen in Großbuchstaben. Dazu handschriftliche Anmerkungen des Absenders, die Eintragung kompliziert zusammengesetzter Aktenzeichen, Anweisungen wie «Bitte melden in Haus 15B, Zimmer 110» und krakelige oder besonders akkurate Unterschriften. Dieser Ordner ist ein Kompendium der Bürokratie und Ordnung.

Das Wichtigste aber war die Schule. Ich hatte keinerlei Einblick in das deutsche Schulwesen und konnte Gymnasium nicht von Sonderschule unterscheiden. Inwieweit mein Onkel Bescheid wusste, sei dahingestellt. Er meldete mich jedenfalls in der nächstgelegenen Schule an, der Gesamtschule Mümmelmannsberg. Das war mein großes Glück. Besser hätte ich es nicht treffen können, es war schlichtweg das große Los.

Ich hatte zwei Jahre lang keine Schule mehr von innen gesehen, konnte quasi kein Wort Deutsch und hatte nicht die geringste Ahnung, wie das Leben in Deutschland funktionierte, worauf es überhaupt ankam. Und nun sollte ich die Gesamtschule in einem Brennpunktviertel besuchen. Betrachtet man es von außen, hätte es eigentlich schiefgehen müssen. Aber ich war nicht draußen, sondern mittendrin.

# 7.
# Lebensschule

Zwischen meiner Ankunft in Hamburg und meinem ersten Schultag vergingen fünf Monate. Es gab irgendein Problem mit Briefen und Anträgen, die verloren gegangen oder an die falsche Stelle geraten waren. Mein Onkel und ich waren des Öfteren zur Klärung bei der Schulbehörde, trotzdem zog sich das Verfahren lang hin. In diesem knappen halben Jahr war ich zwar beschäftigt, aber gut genutzt habe ich die Zeit nicht. Ich unterstützte meine Tante, half ihr bei ihren Putzstellen, ging zu Aldi einkaufen, spielte ein bisschen mit meiner kleinen Cousine und dem Cousin. Das war's auch schon. Meine Tante und mein Onkel schauten tamilisches Fernsehen und hörten tamilische Radiosender, die Verkehrssprache zu Hause war Tamil. Deutsch sprach ich mit niemandem.

Im Februar 1992 kam ich endlich in die Schule, in eine Integrations- oder Vorbereitungsklasse. Das war ein großes Glück, damals gab es so etwas nur in drei Hamburger Schulen in Steilshoop, Wilhelmsburg und eben Mümmelmannsberg, alles keine «guten» Quartiere. Meine Lehrerin war Frau Burmeister. Man müsste ihr ein Denkmal errichten für all das Gute, das sie an uns bewirkt hat. Mit unendlicher Geduld, klarer Zielsetzung und viel Einfühlungsvermögen baute sie uns die Brücke in eine normale Schullaufbahn.

Die Klasse setzte sich aus rund 20 Kindern zusammen.

Nicht alle waren Flüchtlinge, einige waren nachgezogen zu ihren Eltern, die schon seit Jahren hier lebten und arbeiteten. Manche kamen aus Kurdistan, afrikanischen Ländern wie Ghana oder Sierra Leone, aus dem zerfallenden Jugoslawien, von den Philippinen und sonst woher. Mit einigen habe ich immer noch Kontakt, zum Beispiel mit Maja aus Bosnien. Sie lebte nach der Schule noch eine Weile in Deutschland, hielt aber das Heimweh nicht mehr aus und ging nach Bosnien zurück. Ihr Deutsch war fabelhaft, um Längen besser als meins. Maja war ehrgeizig, doch gegen das Heimweh kam sie nicht an, sie heiratete später in ihrer Heimat. Seit einigen Jahren ist sie wieder in Deutschland, weil sie hier von ihren Putzstellen besser leben kann. Der Mann blieb in Bosnien. Ihr Sohn, auch schon 17 Jahre alt, kam mit nach Deutschland, fasste hier allerdings nie Fuß und ging wieder zurück. Drei Schicksale der Migration, drei von Millionen.

Unter schulischen Gesichtspunkten konnte ich eigentlich gar nichts, nicht mal Schreibschrift. Es klingt irgendwie lächerlich, wenn man von einem 13-Jährigen sagt, er könne keine Schreibschrift. Aber die gibt es im Tamilischen nun mal nicht, wie in manch anderen Sprachen auch nicht. Ich kam mir ungelenk und primitiv vor, wenn ich irgendetwas abschrieb und die Buchstaben verrutschten. Sehr selten wurde ein bisschen Englisch in der Vorbereitungsklasse gesprochen, hilfsweise. Mir nützte das aber nicht besonders, weil ich das kaum verstand. Es war grässlich, zumindest am Anfang. Ich war ja kein dummer Junge, in Sri Lanka war ich ein guter Schüler gewesen. Und hier fing ich ganz von vorn an, auf einem unglaublich niedrigen Niveau. Das nagt an einem, gerade wenn man in die Pubertät kommt und das Selbstbewusstsein sowieso eine heikle Angelegenheit ist.

Es gab Fortschritte, natürlich. Zum Beispiel beim Vokabellernen. Wir mussten jeden Tag zwei Seiten auswendig lernen und wurden am nächsten Tag abgefragt. Frau Burmeister zeigte Bilder von irgendwelchen Gegenständen, und wir sollten sagen, worum es sich handelte. Mit Artikel! Die reine Katastrophe. Manchmal glaube ich, dass ich, wenn ich hier geboren wäre, auch nicht viel besser Deutsch spräche als jetzt. Ich kann gut Geschichten und Situationen beschreiben, aber Grammatik ist meine große Schwäche. Lustigerweise ist es auf Tamil dasselbe. Ich war in meiner Klasse in Sri Lanka der beste Redner, ein Kind, das sich sehr gut ausdrücken konnte. Jemand meinte mal zu mir: «Du redest ja wie ein erwachsener Herr.» Auch in Afrika auf der Flucht redete ich, als hätte ich eine riesige Lebenserfahrung. Ich habe den Älteren immer gut zugehört, mir ihre Wendungen eingeprägt und sie nachgeahmt. Aber Grammatik – dafür bin ich nicht geschaffen.

Irgendetwas zu erzählen, daran war damals eh noch gar nicht zu denken. Ich schämte mich, Deutsch zu sprechen. Meine Mängel waren mir so stark bewusst, dass ich aus Sicherheitsgründen den Mund kaum öffnete. Ich wusste ja, dass meine Aussprache falsch war und die Grammatik ein Trauerspiel. Aber Frau Burmeister war hartnäckig, sie ließ einfach nicht locker. Und wenn gelegentlich ein neues Kind in die Vorbereitungsklasse kam, erkannte ich, dass ich kleine Fortschritte machte und nicht mehr ganz am Anfang stand.

Alles hing an der deutschen Sprache, Deutsch war der Schlüssel zu allem. Mathematik beispielsweise fiel mir an sich leicht, aber manchmal verstand ich den Inhalt der Textaufgaben nicht und rechnete irgendwas Sinnloses zusammen. Ich gab mir sehr viel Mühe mit der Sprache, doch der Unterschied zwischen Tamil und Deutsch ist gigantisch, sowohl was die Struktur der Sprachen angeht als auch ihre Aussprache oder ihr Klang. Im Deutschen bereiteten mir vor allen Dingen die S-Laute Schwierigkeiten, die Unterschiede zwischen «Haus» und «Rausch» oder «Schlüssel» und «Schüssel» hörte ich einfach nicht. In den Beurteilungen meiner Leistungen – Noten gab es erst später – stand fast immer, dass ich noch mehr an meiner Aussprache arbeiten müsse. Ich übte zu Hause mit Kassetten, aber in einer weitgehend tamilischen Umgebung setzte sich das Deutsche nur sehr langsam durch.

Nach knapp einem halben Jahr war ich immerhin so weit, dass ich einige Fächer in der Regelklasse besuchen konnte. Gemeinsam mit ein oder zwei anderen Schülern erhielt ich parallel weiterhin zusätzlichen Deutschunterricht. Nach einem Jahr wurde ich in die 7e versetzt und nahm an allen Stunden teil. Klassenlehrerinnen waren Frau Thiede-Hagen und Frau Wangenheim. Von meinem Alter her wäre die neunte Klasse richtig gewesen, aber daran war nicht zu denken, mir fehlte einfach zu viel Stoff. Und immer noch zu viel Deutsch. Im Übertrittszeugnis war bei «Sprechen» angekreuzt: «Spricht sehr gebrochen und fehlerhaft». Doch die Abschlussbemerkung von Frau Licht war ermutigend: «Umes, das einzig Negative ist: Ich verliere einen sehr guten Schüler! Du hast nicht nur gut gelernt, es macht auch Freude, mit dir zu arbeiten. Bei all dem Fachunterricht, der jetzt auf dich zukommt, trainiere weiter intensiv die deutsche Sprache. Auch ohne ausdrücklichen Lehrerauftrag. Du wirst nun ganz integriert, viel Glück und viel Spaß!»

In der 7e waren wir 25 Kinder, etliche Biodeutsche, einige Flüchtlinge und viele, die zwar in Deutschland geboren wurden, deren Eltern aber zugewandert waren. Wenn ich mir das

Bild der 7e vor Augen rufe, kann ich noch heute die meisten Schülerinnen und Schüler aufzählen. Ich erinnere mich an Fathi und Sedat, beide türkischstämmig, an Carlos, dessen Eltern aus Portugal kamen, an Musi mit den ghanaischen Eltern, an Maja natürlich, Jasmin, Karin, Christian Meier, Mark Mohr, Patrik Rust, Jessica Schulze, Katharina, Nadine Sommer, die andere Nadine, Nedjat, Arzo, Jau, René, Stephan ...

Lesen war weiterhin ein Problem. Wir saßen u-förmig, und wenn der Reihe nach vorgelesen wurde, rechnete ich mir immer den Absatz aus, bei dem ich dran wäre, und las ihn so oft wie möglich im Voraus. Wenn etwas dazwischenkam und ich einen anderen als den vorsorglich geübten Absatz vorlesen musste, brach ich vollkommen ein. Oft verstand ich auch nicht richtig, welche Hausaufgaben wir erledigen sollten. Gelegentlich schrieb ich eine 6, nur weil ich nicht mitbekommen hatte, dass eine Arbeit bevorstand und ich lernen musste. Manchmal ergaben sich peinliche Situationen, etwa weil ich nicht verstand, dass die Frage «Wie geht es dir?» eine andere Antwort verlangte als die Frage «Wie heißt du?», und alle lachten. Doch ich erhielt auch viel Hilfe, besonders von Fathi und Sedat. Wenn ein Schulausflug anstand, verabredeten sie sich mit mir und nahmen mich mit zum Treffpunkt, damit nichts schiefging. Patrik Rust und ich machten manchmal zusammen Hausaufgaben. Einmal lud er mich in den Schrebergarten seiner Eltern ein, wo am späten Nachmittag gegrillt wurde. Das fand ich herrlich. Dass man im Freien kochte – fast wie früher zu Hause.

Mein erstes Zeugnis war, bedenkt man die Schwierigkeiten, halbwegs befriedigend. In den späteren Jahren war Mathematik immer eine sichere Bank, meist hatte ich ein «sehr gut». Naturwissenschaften waren auch gut, ebenso Kunst und

Theater. Sprachen waren stets kritisch, in Deutsch reichte es bestenfalls zu einer 4. Mündlich stand die Sache anfangs schlecht, es wurde aber immer besser, sodass ich am Ende sogar in Deutsch eine 1 hatte. Ich konnte gut interpretieren, erörtern und den Dingen auf den Grund gehen. Da fielen meine massiven Grammatikpatzer nicht so ins Gewicht. Mit dem Politikunterricht konnte ich zunächst kaum etwas anfangen, interessierte mich aber dann immer mehr dafür und beteiligte mich auch. Herr Ricker, der Politiklehrer, schrieb: «Umes, ich staune, wie gut du bereits im Politikunterricht mitarbeitest. Du passt gut auf, und manchmal meldest du dich auch, um meistens richtig zu antworten. Trau dir ruhig noch etwas mehr zu.» Trotzdem reichte es anfangs nur zu einer 3 minus, weil ich meine Texte aus dem Lehrbuch abschrieb, und das noch nicht mal fehlerfrei. Aber immerhin, es ging voran.

Nicht hoch genug anzurechnen ist den Lehrerinnen und Lehrern, dass sie den Begriff «Integration» nicht theoretisch auffassten und lediglich auf die Schulfächer anwendeten. Sie gingen mit uns nach «draußen», raus aus der Schule, ins echte Leben. Wir unternahmen Fahrradtouren, damit wir die Landschaft erlebten und ein Gefühl für die Umgebung entwickelten. Ganz nebenbei lernten wir außerdem die Verkehrsregeln, viele neue Wörter und bekamen eine Ahnung davon, wie Deutschland außerhalb von Mümmelmannsberg aussah. Manchmal gingen wir gemeinsam aufs Erdbeerfeld und pflückten Erdbeeren oder im Alten Land die herrlich duftenden Äpfel. Es war wunderbar, ich liebte das Land und die gemeinsamen Unternehmungen. Es wirkte wie Luxus auf mich, einfach rauszufahren, ohne Angst zu haben, in ein Scharmützel verfeindeter Volksgruppen zu geraten.

Intellektuell anspruchsvolle Aufgaben mussten wir ebenfalls lösen. Eine lautete: Tagesschau anschauen. Wir mussten uns die Nachrichten um 20.00 Uhr ansehen und am folgenden Tag über eines der Themen berichten. Das hatte sich unsere Deutschlehrerin Frau Licht so ausgedacht. Damals war Wilhelm Wieben Tagesschausprecher, und ich erkor ihn zu meinem Vorbild. Seine korrekte Haltung und seine unglaublich klare Aussprache beeindruckten mich zutiefst. Das war Deutsch in Reinkultur, kein Zweifel. Jahre später, als ich schon längst Arzt war, lernte ich Wilhelm Wieben persönlich kennen und erzählte ihm, dass er das Idol meiner ersten Jahre in Deutschland gewesen sei. Er war erfreut, auch ein wenig amüsiert, und lud mich zu sich nach Hause zum Kaffeetrinken ein. Es war keine große Sache, aber dennoch eine bewegende Erfahrung für mich, eben weil ich das Gefühl hatte, dass sich ein Kreis schloss und jedes Detail darin seine Bedeutung hatte.

Die Vergangenheit berührt mich immer noch sehr stark. Als ich vor einigen Jahren im Auswanderermuseum in Hamburg eine Lesung hielt, kam vollkommen überraschend Frau Thiede-Hagen dazu. Mittendrin entdeckte ich sie plötzlich im Publikum. Ich musste unterbrechen, weil ich so bewegt war. Nach der Veranstaltung gingen wir zusammen essen. Ich hatte sie als strenge Lehrerin in Erinnerung, damals fürchtete ich mich ein bisschen vor ihr. Doch bei dieser Begegnung erkannte ich, dass sie sehr stolz auf mich war. Ihre frühere Strenge hat, auch wenn ich es damals noch nicht einschätzen konnte, sicher viel zu unseren Fortschritten beigetragen.

Frau Wangenheim war die herzlichere der beiden Klassenlehrerinnen. Eine Woche vor ihrem Tod rief mich ihr Mann an und fragte, ob ich ihr eine Karte schreiben könnte. Sie liege im Sterben und spreche die ganze Zeit über mich und ihre ehemaligen Schüler. Natürlich schrieb ich ihr, wir telefonierten sogar noch einmal kurz miteinander.

Wenn ich daran denke, wie mir die Lehrer und Lehrerinnen meiner Schule die Richtung gezeigt und den Weg geebnet haben, wie sie mich mit ihrer Ermutigung anspornten, dann bin ich ihnen unendlich dankbar. Ohne sie wäre ich niemals so weit gekommen. Und sie betreuten ja nicht nur mich, sondern auch noch die vielen anderen Kinder, die auf ihre Unterstützung angewiesen waren. Ich denke, dass sie nicht nur «ihre Pflicht» erfüllten. Sie lebten ihren Beruf mit Herz und Seele. Aus tiefster Überzeugung halfen sie uns, den sozial abgehängten und den farbigen Mümmelmannsbergern, die Chancen wahrzunehmen, die dieses Land uns bot.

Der Ton und die Haltung bei den Behörden waren das genaue Gegenteil. Bei der Einwanderungsbehörde im Bieberhaus am Hauptbahnhof beispielsweise. Das Haus war benannt nach dem Leiter einer Knabenschule, die sich früher auf dem Gelände befunden hatte. Jede Woche musste ich dorthin, um eine weitere Woche Duldung zu beantragen. Das Büro öffnete um 8 Uhr. Wie Hunderte andere stand ich schon morgens um 5 Uhr vor der Tür, in einer langen geschlängelten Reihe. Wenn ich endlich vor dem zuständigen Menschen stand, war es auch keine Freude. Die Behördenleute waren immer grimmig, stets ruppig. Sie waren genervt von uns. Obwohl wir ja ihre «Kunden» waren, aber Bürokraten sehen das anders. In gewisser Weise kann ich ihre Einstellung sogar nachvollziehen. Sie blickten auf eine riesige Gruppe von Ausländern, die Probleme hatten und vor allem ihnen Probleme bereiteten. Wenn die Beamten zur Arbeit kamen, sahen sie schon die Schlange vor ihren Büros. Und wussten im Voraus, dass auch dieser Tag keinen durchschlagenden Erfolg in der Lösung der Asylfrage bringen würde. Dass es bei nahezu jedem Antragsteller Probleme mit den Papieren gab, einige sie betrügen wollten und sie anderen aus formalen Gründen nicht helfen konnten. Das schlug sich auf die Laune nieder, und die ließen sie dann eben an den Leuten aus, die gezwungenermaßen etwas von ihnen wollten.

Wie wohl die allermeisten damals in der Warteschlange fühlte ich mich klein, weil ich abhängig von den Beamten war. Abhängig in einer existenziellen Situation. Wenn ich meine Stempel nicht bekäme, müsste ich das Land verlassen. Bis auf wenige Ausnahmen sendeten die Beamten das Signal aus, dass wir nicht willkommen waren. Ich weiß, dass das nicht durch die Bank stimmte, aber es wirkte so. Zum Glück hatte ich deutsche Freunde, die mir das Gefühl vermittelten, dass sie mich mochten und mich willkommen hießen. Deshalb übertrug ich diese Behördenerfahrungen nicht auf die ganze Gesellschaft, sondern konnte differenzieren. Meine Erfahrungen waren also nicht einseitig, sondern vielseitig. Ich bin überzeugt davon, dass das ein wichtiger Faktor bei der Integration ist. Wer als Neuankömmling nur auf Ablehnung stößt und sie mit Leidensgenossen teilt, ohne einen Gegenpol zu erleben, wird kaum in der Lage sein, ein konstruktives Verhältnis zu dieser Gesellschaft zu entwickeln.

Nach einer Weile verbesserte sich mein Status, und ich musste nur noch einmal im Monat meine Duldung verlängern lassen. Das steigerte sich auf drei Monate, und als ich im Alter von 16 Jahren das erste Mal sechs Monate Duldung erhielt, feierte ich mit meinen Freunden eine große Party, so glücklich war ich.

Die Ausländerbehörde ist längst aus dem Bieberhaus ausgezogen. Heute residiert das Ohnsorg-Theater dort, aber auch

Rowohlt, der Verlag, in dem dieses Buch erschien. Ein sehr komisches Zusammentreffen, finde ich.

Ich lache, wenn ich daran denke, dass ich hier vor über 30 Jahren um Duldung für eine Woche oder ein paar Monate bettelte und nun als Autor des Rowohlt Verlags die Treppe hochsteige.

Ich lache, um das seltsame Gefühl im Magen zu beschwichtigen, das mich dann befällt.

Ich lache, um mich von der Angst zu befreien, die die Erinnerungen an damals begleitet.

## 8.
## Den Raum vergrößern

Nach zweieinhalb Jahren hatte ich Riesenfortschritte gemacht, aber stand natürlich trotzdem noch ganz am Anfang. Noch immer verstand ich bestimmte Strukturen in der Schule nicht, weil mein Deutsch weiterhin schlecht war, sowohl passiv als auch aktiv. Dennoch begann ich in der neunten Klasse, aus mir herauszugehen und mich zu engagieren. Der Zufall spielte dabei eine große Rolle, eigentlich war es sogar ein Missverständnis.

Wir waren alle in der Vollversammlung der Schüler in der großen Aula gewesen, wo die Wahlen der Schulsprecher stattfanden. Es beeindruckte mich mächtig, wie die älteren Schüler auf der Bühne standen, fast schon erwachsen, und sich um unsere Stimmen bewarben. Als wir zurück in unsere Klasse gingen, erzählte ich meinem Freund Fathi, dass ich in Sri Lanka in meinem letzten Jahr Klassensprecher gewesen sei. Ob ich mich verkehrt ausgedrückt oder er es falsch verstanden hatte, weiß ich nicht, jedenfalls krähte er sofort: «Umes will Klassensprecher werden!» Ich war perplex, eigentlich hatte ich ja nur von früher erzählt. Ein wenig schmeichelte mir die Idee schon, und ich hatte auch Lust darauf, war aber berechtigterweise besorgt, dass ich keine Bewerbungsrede auf Deutsch halten könnte. Dann rief jemand aus der Klasse «Ja,

Umes!», andere stimmten ein, und so war ich auf einmal per Akklamation zum Klassensprecher ernannt worden. Jedes Jahr wurde ich wiedergewählt, bis zum Abitur.

Da ich nun mal dabei war, traute ich mich schon im selben Jahr, als Nachrücker für einen ausscheidenden Schulsprecher zu kandidieren. Bei der nächsten regulären Wahl wurde ich bestätigt. Meine erste Rede als Schulsprecher: schlecht, grottenschlecht. Anders kann man es wirklich nicht sagen. Meine Deutschlehrerin, Frau Thiede-Hagen, litt Qualen, ihr war mein Auftritt richtig peinlich. Sie nahm mich hinterher zur Seite und sagte: «Umes, das nächste Mal kommst du bitte vorher zu mir und zeigst mir deine Rede. Dann können wir noch Fehler ausmerzen.» Ich fand das sehr nett von ihr, nur: Ich schrieb meine Reden nicht auf, sondern sprach immer frei. Ich weiß nicht, wie viel die anderen überhaupt von meinen Worten verstanden, aber irgendwas muss rübergekommen sein, sonst wäre ich ja nicht immer wieder gewählt worden. Und eine meiner Aufgaben war, die Reden für die Abschlussfeier der Abiturienten zu halten.

Die Wahl zum Klassensprecher in der neunten Klasse war sehr wichtig für mich. Sie war wie der offizielle Startschuss für eine neue Phase. Ich trat heraus aus der eher empfangenden Haltung eines Menschen, der Unterstützung braucht, und begann stattdessen, selbst die Fäden in die Hand zu nehmen, mich zu beteiligen, zu gestalten. Natürlich war ich weiterhin auf alle möglichen Hilfen angewiesen, ich machte Fehler am laufenden Band, nicht nur sprachliche. Aber es zählte allein, dass ich überhaupt etwas machte und aus meinen Fehlern lernen konnte. Und ich lernte eine ganze Menge, das kann ich wohl sagen!

Mein Vorteil ist, dass ich Menschen gern mag. Ich habe

keine Angst vor Begegnungen und Gesprächen, sondern suche sie geradezu. Das erleichtert vieles, unter anderem das Ankommen in einem fremden Land. Aktiv sein und Kontakte knüpfen, etwas gemeinsam mit anderen unternehmen – das gefällt mir. Ich setzte mich für die Schulpartnerschaft mit León in Nicaragua ein, war Mitglied in der Gewaltpräventionsgruppe, engagierte mich im Stadtteiltheater und war an einer Bürgersendung im Stadtteilfernsehen beteiligt. Es hieß Mümmel-TV und lief im Offenen Kanal Hamburg. Meine Aufgabe bestand darin, Interviews mit Kindern auf der Straße zu führen. Ich weiß nicht mehr, was ich gefragt habe, wahrscheinlich ganz simple Sachen, wie und wo sie spielen, ob sie Probleme mit der Schule oder ihren Freunden haben und solche Dinge. Es ging darum, den Stadtteil zu porträtieren und auch die Perspektive der Jüngeren zu berücksichtigen. Es machte mir einen Riesenspaß, mit dem Mikrofon und der Kamera herumzuziehen und etwas zusammenzustellen. Theater spielte ich auch und zu meinen Neigungskursen gehörten mal Marimbafon, mal Kochen. Ich war neugierig auf die Welt und alles, was sie zu bieten hatte. Und die Schule bot mir ein großartiges Feld, diese Welt kennenzulernen.

Die vielen Kontakte kamen meinen Deutschkenntnissen sehr zugute, aber auch die Gremienarbeit und die Politik trugen eine Menge dazu bei. In der Oberstufe war ich extrem aktiv. Für zwei Jahre war ich Mitglied im Vorstand der Landesschülervertretung, Sprecher der Bezirkssprecherversammlung, außerdem weiterhin Klassen- und Schulsprecher. Ich gebe zu, dass es nach einer gewissen Ämterhäufung aussieht – und sicher auch eine war. Doch ich hatte einfach Spaß daran, mich für gute Ziele einzusetzen und die Verhältnisse zu verbessern. Dass ich in so vielen Gremien aktiv war, erleichterte quasi die Arbeit, weil ich mich nicht mit so vielen anderen Ebenen extra absprechen musste. Es war eine tolle Zeit mit unglaublich vielen Projekten. Ich lernte wahnsinnig viele Menschen in Hamburg kennen und kam über den Radius meiner Klasse und meiner Schule hinaus.

Vielfalt und Verständigung auf der ganz praktischen Ebene: In der Arbeit für die Schulpolitik kam ich in Kontakt mit den verschiedensten politischen Strömungen. Im Schülerparlament waren sehr viele Linke vertreten, einige Grüne und auch ein paar Konservative. Deren Interessen mussten irgendwie miteinander verbunden und in gemeinsame Aktionen umgesetzt werden. Da lernte man auch eine ganze Menge, unter anderem wie Demos organisiert werden. Einmal demonstrierten wir vor der Schulbehörde für mehr Lehrerstellen, mit ziemlich harschen Forderungen, unter anderem «Frau Raab muss raus». Rosemarie Raab war die Schulsenatorin. Jahre später habe ich sie einmal getroffen. Sie erzählte mir, dass sie unsere Demos beobachtete. «Ihr standet übrigens immer vor dem falschen Gebäude.» Peinlich, auch noch im Nachhinein, aber wir mussten beide lachen.

Trotzdem war diese Riesendemo mit rund 80 000 Schülern ein voller Erfolg, auch für mich. Jeder Schulsprecher durfte kurz auf die Bühne und etwas sagen. Als ich dran war und loslegte, verhaspelte ich mich bei dem Wort «Integration». Ich versuchte es noch mal, bekam aber die Silben einfach nicht in die richtige Reihenfolge. «Da seht ihr's», rief ich und drehte den Spieß einfach um. «Ich bin nicht mal in der Lage, dieses wichtige Wort richtig auszusprechen. Das ist doch der beste Beweis: Wir brauchen ordentlich viele Lehrer, die uns unterrichten!» Tosender Applaus! Das kam richtig gut an. Tatsache ist, dass wir in den folgenden Jahren mehr

Lehrkräfte bekamen. Ob es an meinem Stolperer lag? Ich weiß es nicht.

Eine andere Aktion war eine 7-Tage-und-7-Nächte-Demo. Damit kamen wir sogar ins Guinness-Buch der Rekorde, noch nie vorher hatte eine so lang andauernde Schülerdemonstration stattgefunden. Wir hatten Container am Dammtor aufgestellt, als Dauerdemonstranten mussten wir ja reihum auch über Nacht bleiben. Wir trugen die Plakate mit unseren Forderungen nach besseren Bedingungen für die Bildung im Kreis vor dem Rathaus herum. Schließlich lud uns Bürgermeister Ortwin Runde, der Nachfolger von Henning Voscherau, zu einer offenen Debatte ein. Am Ende bekamen wir als Dauereinrichtung eine Schiedsstelle, die zwischen Schülern und Senat vermitteln sollte. Die erste Ombudsfrau hat mir später geholfen, als mir die Abschiebung drohte. Das war unter anderem ein positiver Effekt meines Engagements.

Es war eine ziemlich wilde Zeit – anregend, aufregend, verrückt. Ich habe ungemein davon profitiert. Diese Aktivitäten halfen mir zu erkennen, dass ich in einem Land lebte, in dem man viel bewegen kann. Wo man den Mund öffnen und sich nicht fürchten muss, wegen seiner Meinung Probleme zu bekommen. Mir wurde vielleicht nicht in aller Klarheit, aber dennoch in großen Zügen bewusst, welches Potenzial dieses Land hat. Ich kam mit 13 Jahren ohne Sprachkenntnisse, eine billige Sporttasche unterm Arm, in Deutschland an und konnte gar nichts. Nach fünf Jahren war ich Landesschülersprecher. Heute arbeite ich in einem sehr guten, erfüllenden Beruf, schreibe Bücher und bin noch längst nicht am Ende meiner Möglichkeiten. Es gab und gibt unendlich viele Chancen. Und es gibt sehr viel, das ich diesem Land zurückgeben kann.

# 9.
# Gewohnheiten

Richtig wohl fühlte ich mich bei meinem Onkel und meiner Tante nicht. Die engen Wohnverhältnisse belasteten uns alle. Es war für jeden schwierig, so etwas wie Privatsphäre zu wahren. Anfangs überwog bei mir natürlich die Freude, sicher und geborgen bei meinen Verwandten zu leben. Aber eins war – abgesehen von der Umgebung – vollkommen anders als zu Hause. Ich war hier zwar das älteste Kind, aber nicht der älteste Sohn. In der tamilischen Kultur ist der erste Sohn etwas Besonderes. Es erwarten ihn viele Pflichten, er ist für die Familie, insbesondere für das Wohlergehen der Eltern im Alter zuständig. Dafür ist er aber auch der Prinz. Er wird verwöhnt und bekommt das beste Essen, aus ganz pragmatischen Gründen: Es ist wichtig, dass er alt genug wird, um seine Aufgaben zu erfüllen. In Sri Lanka hatte ich diese Vorteile ganz beiläufig in Anspruch genommen, etwa dass mir immer zuerst etwas gegeben wurde und danach die Geschwister an der Reihe waren. Nun war ich in einer anderen Position.

Meine Tante und mein Onkel hatten zwei Kinder, als ich eintraf. Mein Cousin und meine Cousine waren noch klein, es war klar, dass sie besondere Aufmerksamkeit erforderten. Aber ich war ein 13-jähriger Pubertierender, der bereits mit dem Gemüsehandel in Sri Lanka und später auf der Flucht bewiesen hatte, wie erwachsen er war. Nun sollte ich eine

Rolle übernehmen, die mir nicht ganz einleuchtete. Einerseits war ich der Älteste, andererseits musste ich mich unterordnen. Meine Tante spannte mich bei der Hausarbeit ein, weil sie zusätzlich zu ihrem Haushalt noch einen Nebenjob hatte. Ich war für die Wäsche zuständig. Täglich mussten Berge bewältigt werden. Einkaufen und Aufräumen sollte ich ebenfalls erledigen, oft auch kochen. Später als Student war ich froh, dass ich aufgrund dieser Erfahrungen meinen kleinen Haushalt so gut hinbekam, aber damals erschien mir alles falsch. Ich fühlte mich den anderen beiden Kindern gegenüber zurückgesetzt. Alles blieb an mir hängen. Wir mussten sparen, doch die beiden bekamen Aprikosensaft von Granini. Ich nicht. Über lauter solche Dinge konnte ich mich ärgern. Da verhielt ich mich ganz und gar nicht erwachsen, sondern ziemlich kindlich.

Heute beurteile ich die Situation anders. Ich glaube, dass es vor allem meinen Onkel überforderte, von einem Tag auf den anderen einen Teenager ins Haus zu bekommen. Als Vater wächst man an den Kindern, auf mich jedoch war er im Grunde nicht vorbereitet. Meiner Mutter zuliebe hatte er mich aufgenommen, aber natürlich kein wirklich väterliches Gefühl für mich entwickelt. Ich glaube, er sah vor allem die Verantwortung, die er nun trug. Er war mein Vormund, nicht mein Vater. Im Alltag bedeutete das für ihn unter anderem, zahllose Behördengänge zu unternehmen, um meinen Status zu legalisieren. Zu Beginn musste er meinen Schuleintritt organisieren, mit den Lehrkräften sprechen und eben die tausend Dinge erledigen, die für einen Neuankömmling erforderlich sind. Was schieflaufen würde, müsste er meiner Mutter gegenüber rechtfertigen.

Abgesehen von diesen eher familiären Problemen ergaben

sich Konflikte, die in vielen Einwandererfamilien entstehen. Im Prinzip geht es darum: Welche Traditionen und Werte aus der alten Heimat behält man bei, wie stark passt man sich an die neue Heimat an? Meinen Onkel könnte man als eher konservativ beschreiben, wobei er Veränderungen keineswegs abgeneigt ist. Als er nach Deutschland kam, arbeitete er zunächst wie viele andere Flüchtlinge in Restaurantküchen und als Reinigungskraft. Dann ergatterte er einen Job im Lager eines großen Unternehmens, und als die Kinder in den Kindergarten gingen, nahm er berufsbegleitend eine Ausbildung zum Maschinenschlosser auf. Es waren anstrengende Jahre für ihn, aber er hat's geschafft und trat nach seinem Abschluss eine deutlich besser bezahlte Stelle an. Man kann sagen, dass er sich ins Zeug legte, um voranzukommen.

Das ist die äußere, die einfachere Seite. Die andere, die schwierigere, ist die innere Verbundenheit mit Sri Lanka. Das war immer noch «die Heimat». Und so viel wie möglich musste davon auch in der Fremde erhalten bleiben. Dazu gehörten das tamilische Radio- und Fernsehprogramm, das Essen, das Denken in Kasten und vieles andere. Ich dagegen versuchte, hier Fuß zu fassen, setzte mich für bessere deutsche Bildungspolitik ein und integrierte mich so gut es ging in die deutschen Verhältnisse. Wir haben nie darüber gesprochen, aber ich vermute, dass sowohl mein Onkel als auch meine Tante befürchteten, mich an die deutsche Gesellschaft zu verlieren.

Es ist eine Angst, die viele Einwanderer der ersten Generation plagt. Allein schon die Entscheidung für die Sprache. Die Muttersprache ist ja das mobilste Element überhaupt, sie kann überall mit hingenommen werden. Sie ist das, was den eigenen Ursprung am deutlichsten ausdrückt, die Verbindung am unmittelbarsten am Leben erhält. Das kann jeder Mensch mühelos nachvollziehen, auch ohne eigene Migrationserfahrung. Gleichzeitig gilt aber auch: Bei der Muttersprache zu bleiben stellt das größte Hindernis für die Integration dar. Man grenzt sich selbst aus. Mein Onkel und meine Tante sprechen zwar gut Deutsch, aber vielleicht könnten sie es noch besser, wenn zu Hause nicht so viel Radio und Fernsehen auf Tamil gelaufen wäre. Und vielleicht wären sie noch stärker integriert, wenn sie mehr deutsche Freunde gehabt hätten, statt sich vor allem mit Tamilen zu umgeben.

Die Sprache ist das Vehikel der Zugehörigkeit. Sich die Sprache des neuen Landes nicht anzueignen kann oft auch heißen, dass man die neuen und anfangs fremden Gewohnheiten insgesamt ablehnt. In meiner Zeit als Schulsprecher war ich gelegentlich als Streitschlichter tätig und ging in die Familien, wenn es Probleme zwischen Kindern und Eltern gab. Ich habe oft erlebt, dass der Anlass für Konflikte eine Art negative Abgrenzung der Eltern gegenüber den deutschen Regeln bzw. Freiheiten war. Da hieß es zum Beispiel: «Er will dasselbe machen wie seine deutschen Freunde. Aber das ist schlecht. Deutsche Kinder hören nicht auf ihre Eltern und kümmern sich nicht um sie, wenn sie alt sind.» Oder: «Meine Tochter soll nicht wie eine deutsche Frau werden, die heiratet zwei- oder dreimal im Leben. Das geht doch nicht.» Oder: «Die deutschen Jungs haben tausendmal tausend Freundinnen, das ist eine Schande.»

Man könnte ja manches auch positiv sehen: «Sehr gut, wie unabhängig die jungen Deutschen sind.» Doch das ist vielen nicht möglich, weil es in manchen Kulturen kein erstrebenswertes Ziel ist, dass die Frauen selbstständig sind und die jungen Männer sich aus der Familie lösen. Es ist nicht nur kein Ziel, sondern ein Problem. Ob es darum ging, dass «die

Deutschen unsauber sind» oder eine «lockere Moral» haben – es kam immer die Angst der Eltern zum Vorschein, dass ihnen die Kinder entgleiten könnten. Anders als es bei den meisten biodeutschen Eltern mit Pubertierenden der Fall ist, bezieht sich diese Angst nicht nur darauf, dass das Kind auf persönliche Abwege gerät, sondern dass es darüber hinaus die Identität als Türke, Tamile oder was auch immer verliert. Dass also ein fundamentaler Riss durch die Familie gehen wird.

Man kann das zwar nachvollziehen, diese Kinder bewegen sich jedoch in einem deutschen oder zumindest gemischten Umfeld, sie erleben, dass die Welt ganz anders aussieht als ihr Zuhause. Das führt unweigerlich zu Konflikten. Die Eltern bauen Hindernisse auf mit ihren Forderungen nach Solidarität gegenüber den Werten der alten Heimat – die viele dieser Kinder vielleicht niemals gesehen haben. Der Effekt ist, dass sie nur schwer oder gar nicht Fuß fassen. Die Familie suggeriert ihnen: «Du bist fremd hier.» Oder: «Das hier ist ein fremdes Land, das ist nicht dein Land», selbst wenn die Kinder hier geboren wurden.

Ob als Flüchtlinge oder als Nachwuchs in der zweiten oder gar dritten Generation von Einwanderern aus einem anderen Kulturkreis: Diese Kinder und Jugendlichen stehen unter einem enormen Druck, wenn ihr Elternhaus sich nicht eindeutig zur neuen Heimat bekennt. Sie stehen mit dem einen Bein im Alten, mit dem anderen im Neuen und müssen eine unglaubliche Energie aufwenden, um diese Kluft zu überwinden. Das kostet viel Kraft. Die Kindheit ist dafür da, die eigene Identität zu entwickeln. Wenn nun ein Kind die Sehnsucht hegt, sich mit der Gesellschaft, in der es lebt, zu identifizieren, aber von den Eltern daran gehindert wird, muss es einen permanenten inneren Kampf ausfechten. Es liebt seine

Eltern und will ihnen nicht wehtun, aber es möchte auch zu der neuen Welt dazugehören.

Eine Patentlösung für dieses Problem gibt es nicht. Dafür spielen zu viele persönliche und individuelle Faktoren in diesen Konflikt hinein. Die Schule ist im Grunde der Ort, der zwischen den Welten vermitteln kann, sie kann einen großen Beitrag dazu leisten, die Kinder zu unterstützen. Sie spiegelt die Gesellschaft wider, in der sie leben, und öffnet den Blick über die familiäre Perspektive hinaus. Natürlich ist Schule keine heile Welt. Religiöse Konflikte oder ethnische Trennlinien können hier in gefährlicher Schärfe praktiziert werden, und es kommt auf die Schulleitung und die Betreuenden an, diese zu erkennen und möglichst aufzulösen.

Auch für meinen Onkel war Deutschsein teilweise etwas Negatives. «Du bist ja wie ein Deutscher» war als Kritik gemeint, nicht etwa als Kompliment für gelungenes Einleben. «Du hast dein Mutterland vergessen», so heißt es auf Tamil. Er hat sehr lang gebraucht, um nicht nur zu akzeptieren, sondern sogar gutzuheißen, dass ich mich für Deutschland entschieden hatte. Mittlerweile ist er stolz auf mich und zeichnet jede Sendung im Fernsehen auf, in der ich auftrete. Heute sind wir versöhnt, aber damals war es nicht einfach mit uns beiden.

Mancher «nationale» Konflikt entzündete sich an Kleinigkeiten, beispielsweise als ich in der siebten Klasse einen Füller benötigte. «Du brauchst keinen Füller. Ich habe zu Hause noch in der zehnten Klasse mit Bleistift geschrieben.» Das war sein Argument: In Sri Lanka haben wir es auf diese Weise gehandhabt. Dabei lebte er ja schon jahrelang in Deutschland. Er hielt an den alten, bewährten Regeln fest, im Kleinen wie im Großen. Schließlich schrieb ihm meine Klassenlehrerin einen Brief, dass ich unbedingt einen Füller bekommen müsste. Wir gingen in den Supermarkt, und ich bekam den billigsten Füller, den es gab, für 6,95 Mark. Ein schwarzer Füller mit grüner Kappe. Die Kappe ging als Erstes kaputt. Ich reparierte sie mit Tesafilm und wickelte einen Notverband nach dem anderen darum. Dann fielen die Metallteile ab. Ich war aber zu stolz und wollte nicht um ein neues Exemplar bitten. Also reparierte ich den Füller immer und immer wieder.

Auf diese Weise hielt er bis zum Abitur. Ich schrieb mit keinem anderen Füller, obwohl mir nach der zehnten Klasse Frau Burmeister, meine erste Deutschlehrerin, einen neuen schenkte. Den schonte ich. Außerdem wurde der alte Füller für mich zu einer Art Beweis, vielleicht auch Fetisch. Ich sagte mir, dass ich es schaffen würde, diesen Füller bis zum Abi zu benutzen. Es wurde eine Ehrensache für mich. Und ich hab's geschafft und genau mit diesem Füller meine Abi-Klausuren geschrieben.

Obwohl ich später auch immer wieder Füller geschenkt bekam, sehr hochwertige sogar, blieb ich meist bei dem alten. Ich nutzte die feinen Schreibgeräte nur, wenn ich eine Unterschrift unter einen Vertrag setzen musste oder Ähnliches. Aber für alle anderen Gelegenheiten kam nur das alte Ding zum Einsatz, weil es eben eine solche Bedeutung für mich hatte. Das flüssige Schreiben erlernte ich überhaupt erst richtig mit diesem Füller.

Was ich meinem Onkel hoch anrechne, ist seine Großzügigkeit in Bezug auf die Rückzahlung des Kredits, den meine Mutter für die Schlepper bei ihm aufgenommen hatte. Er bestand nicht darauf, dass ich möglichst bald damit anfing, die Summe abzustottern. Zwar drängte er mich, eine Ausbildung aufzunehmen, als ich die mittlere Reife hatte. Das tat er aber weniger, um etwa mit Hinweis auf meinen Lohn die Rückzahlung des Kredits zu fordern. Ich denke eher, dass er wirklich davon überzeugt war, es wäre gut für mich, bald einen richtigen Beruf auszuüben. Dass ich, wie ich es meiner Mutter versprochen hatte, Medizin studieren wollte, hielt er für einen utopischen Plan. Das Geld, das ich schon als Schüler verdiente – mit Nachhilfeunterricht in Mathematik, Putzen und Tellerwaschen –, schickte ich meinen Eltern nach Sri Lanka. Mein Onkel fand das richtig. Er war nicht der Ansicht, dass er zuerst dran gewesen wäre. Hätte er darauf bestanden, möglichst rasch sein Geld zurückzubekommen, hätte ich die Schule früh beenden müssen. Und hätte meine Mutter den Betrag nicht bei ihrem Bruder leihen können, sondern einen Kredit bei einem Schlepper aufnehmen müssen, wäre es genauso gewesen: Ich hätte sehr schnell Geld schicken müssen, weil meine Mutter unter Druck gesetzt worden wäre.

Ich hatte also viel mehr Glück als etliche andere Flüchtlinge. Viele von ihnen haben, ebenso wie manche regulären Migranten, keine Zeit und keine Chance, sich zu integrieren und Bildung zu erwerben. Sie müssen sofort ins Geschirr, um ihre Verpflichtungen oder die ihrer Familie zu erfüllen, und Schulden ablösen.

Einen Vorteil hatten die beengten Wohnverhältnisse immerhin: Ich war viel unterwegs, um nicht zu Hause zu sein, und eignete mir auch auf diese Weise meine neue Heimat an. Einen Großteil meiner Zeit verbrachte ich natürlich in der Schule. Doch auch meine Hausaufgaben erledigte ich oft anderswo, weil ich mich in meiner kleinen Ecke im Wohnzimmer, mit dem ständigen Hin und Her der Familie einfach nicht konzentrieren konnte. Ich saß oft in der «Bücherhalle», so hieß die Stadtteilbibliothek in Mümmelmannsberg, der ideale Ort für ungestörtes Arbeiten.

Außerdem begann ich zu joggen. Sport ist mir immer leichtgefallen, vor allem das Laufen. In Sri Lanka waren wir auf den kürzeren Strecken immer zu Fuß unterwegs, im Krieg sowieso. Wir gingen von einem Dorf zum anderen. Wenn es dann im Sportunterricht in Mümmelmannsberg hieß: «Wir laufen eine Runde», war ich gefühlt der Einzige, der sich dafür begeisterte. Mir gefiel es einfach, in Bewegung zu sein. Auch bei den Wandertagen. Alle stöhnten – ich freute mich. Von Fußball allerdings hatte ich keine Ahnung, das hatten wir in Sri Lanka nie gehabt. Aber Laufen fand ich großartig. Mein Schulkamerad Michael aus Ghana war damals der Schnellste der Schule, heute ist er Sportlehrer an der Stadtteilschule Mümmelmannsberg. Ich war eher ein Langläufer. Fast jeden Tag zog ich auf dem Sportplatz hinter der Schule meine zehn oder zwanzig Runden über die 400-Meter-Strecke. Oder ich lief durch ein Naturschutzgebiet in Mümmelmannsberg. Die Leute kannten mich bald und nannten mich: «der Junge, der läuft». Ich glaube, sie achteten nur auf mich, weil ich immerzu jeden grüßte.

Sogar an Marathon-Wettbewerben nahm ich teil. Als Frau von Wangenheim, meine frühere Klassenlehrerin, davon Wind bekam, schenkte sie mir ein Trainingsbuch, damit ich mich richtig vorbereiten konnte. Es war eine kleine Geste, aber sie motivierte mich wahnsinnig. Ich benutzte das Buch jahrelang, bis es ganz auseinanderfiel. Bei meinem ersten Marathon war ich der jüngste Teilnehmer und lief außer Konkurrenz, weil ich mich als unter 18-Jähriger nicht offiziell anmelden durfte. Aber: Ich war trotzdem dabei und schaffte die Strecke in immerhin 4 Stunden und 10 Minuten. Wegen der nicht erfüllten Teilnahmeformalitäten erhielt ich allerdings keine Medaille. Frau von Wangenheims Schwägerin, die ebenfalls teilgenommen hatte, bemerkte meine leise Enttäuschung und schenkte mir kurzerhand ihr eigenes Abzeichen. Ich war sehr gerührt, es war eine wunderbare Geste! Eine Frau, die mich nicht persönlich, sondern nur vom Hörensagen kannte, und die einer anderen Religion und einer anderen Kultur angehörte, verband etwas mit mir: der Sport. Das bedeutete mir sehr viel.

Auf der Abiturfeier bekam ich ein Paar Nike-Laufschuhe zum Abschied. Ich war selig! Wegen Geldmangels hatte ich bis dahin keine anständigen Laufschuhe besessen, sondern nur ein paar billige Treter. Sie waren zwar in Ordnung, aber als ich die neuen Schuhe bekam, merkte ich erst, was mir bis dahin gefehlt hatte. Außerdem war ich damals ziemlich markenfixiert, deshalb waren die Nikes eine großartige Sache für mich.

Ich glaube, das Laufen war für mich eine Beruhigungs- und Stärkungsmaßnahme zugleich. Es hielt mich im Gleichgewicht und lenkte mich von all dem ab, was mich belastete, sei es die enge Zweizimmerwohnung, das Heimweh und die Sehnsucht nach meinen Geschwistern und meinen Eltern oder die Sorge, bei der nächsten Deutscharbeit vor unlösbaren Problemen zu stehen.

Laufen war toll und tat mir gut, aber meine große Leidenschaft war etwas anderes: Ich schwärmte für Tennis. Damals waren Steffi Graf, Boris Becker und Michael Stich die deutschen Superstars, sie waren meine Idole. Ich träumte von ihnen und sah mir jedes Match im Fernsehen an, Wimbledon, Australian Open, US Open und noch viele andere Turniere. Die ersten 20 oder 30 Positionen der Weltrangliste runterzurattern war für mich überhaupt kein Problem, das konnte ich, ohne auch nur eine Sekunde zu stocken. Mein Onkel fand meine Begeisterung absurd. «Das ist nichts für dich, das ist ein Sport für Reiche.»

Meine zweite Leidenschaft war die Formel 1, das fand ich superspannend, Michael Schumacher und Mika Häkkinen. Heute erscheint mir ein bisschen seltsam, dass ich mich ausgerechnet für zwei Sportarten begeisterte, die ich niemals selbst praktizieren könnte. Es bestand noch nicht einmal die Chance für mich, wenigstens als Zuschauer an einem Match oder einem Rennen teilzunehmen. Und es war außerdem schon unwahrscheinlich, dass ich jemals das Geld für einen normalen Pkw-Führerschein zusammenbekäme, geschweige denn in die Nähe eines Rennwagens geriete! Doch vielleicht war meine Faszination für diese beiden Sportarten auch eine Art der Identifikation mit Deutschland, eine Möglichkeit, meinen deutschen Traum in eine konkrete Form zu übersetzen. Und meinem Stolz freien Lauf zu lassen, wenn Steffi mal wieder mit einem Pokal im Arm vom Court ging.

# 10.
# Konfrontationen

Ich erwähnte schon die Ausflüge, die wir mit unseren Lehrern unternahmen, zu Anfang ins Alte Land oder später zum Erdbeerpflücken. Unser Kunst- und Sportlehrer, Marold Simon, kümmerte sich besonders intensiv um die Kinder mit Migrationshintergrund. Er veranstaltete viele sportliche Aktionen, Tagestouren mit dem Fahrrad, auch mal über ein Wochenende ins Schullandheim im Estetal südlich von Hamburg. Meist bestand die Gruppe aus acht bis zehn Kindern. Nicht immer konnten alle mitkommen. Und die Mädchen durften sowieso nicht teilnehmen. Die Eltern hatten Vorbehalte, insbesondere wenn es sich um Muslime handelte.

Dann plante Herr Simon etwas Größeres, eine Tour über eine Woche – und zwar «in den Osten». Er hatte Kontakt zu einer Lehrerin in Schwerin und entwickelte mit ihr ein Projekt, in dem ostdeutsche Schüler gemeinsam mit westdeutschen Altersgenossen, die einen Migrationshintergrund hatten, eine Fahrradtour unternehmen sollten. Die Wende lag nur wenige Jahre zurück, und man sollte einander besser kennenlernen, so der Plan. Acht Kinder aus der Vorbereitungsklasse, Herr Simon und sein Sohn – so fuhren wir los, zunächst nach Lübeck, dann mit der Fähre nach Priwall, einer Halbinsel an der Travemündung. Dort schlugen wir auf einem Campingplatz unsere Zelte auf, die Schweriner Kinder kamen dazu.

Mir war nicht ganz wohl bei der Sache. Zwar liebte ich diese Ausflüge, aber in «den Osten» zu fahren, das war etwas anderes. Mein Onkel war sowieso dagegen. «Da gehst du nicht hin», hatte er gesagt. «Die sind alle Nazis dort.» Wir stritten heftig miteinander, weil er mir nicht erlauben wollte mitzufahren. Ich nahm ihm übel, dass er mir verbieten wollte, eine Woche in Deutschland herumzufahren. Dabei hatte er einfach Angst um mich. Schließlich gab er nach, und wir besorgten die Genehmigung der Ausländerbehörde, ohne die ich mich aus Hamburg nicht wegbewegen durfte. Es war genau festgelegt, was mir erlaubt wurde: «Gilt nur im Rahmen einer Fahrradtour der Gesamtschule Mümmelmannsberg». Das Überschreiten des gestatteten Gebiets oder des Zeitraums konnte «mit Freiheitsstrafe bis zu einem Jahr» geahndet werden.

Mein Onkel sollte recht behalten mit seinen Befürchtungen, zumindest teilweise. Auf dem Campingplatz trafen wir tatsächlich auf eine Gruppe junger und nicht ganz so junger Männer mit Glatzen, in dicksohligen, derben Stiefeln und schwarzen Lederjacken mit aufgenähten Sprüchen und Emblemen. Sie waren laut, tranken Alkohol und wirkten einfach ungeheuer präsent, geradezu platzfüllend. Ich hatte eine wahnsinnige Angst vor ihnen und traute mich kaum noch aus unserem Zelt hinaus. Schließlich war ich der einzige Dunkelhäutige weit und breit. Die anderen Kinder aus meiner Gruppe waren heller, sie stammten aus Bosnien oder sonst woher. Man sah ihnen nicht ohne Weiteres an, dass sie keine «richtigen» Deutschen waren.

Irgendwie hatten uns die Männer auf dem Kieker. Sie schauten dauernd zu uns herüber, einer warf dann eine Bemerkung in die Runde, und alle lachten schallend. Wir versuchten, nicht hinzugucken oder hinzuhören, aber es war unmöglich, sie zu ignorieren. Sie beherrschten uns allein durch ihre Anwesenheit. Herr Simon sagte schließlich: «So wird das nichts. Ich gehe jetzt da rüber und spreche mit denen.» Das machte er tatsächlich. Er erklärte ihnen, warum wir da waren, was wir vorhatten und dass ich als dunkelhäutiges Kind ziemliche Angst vor ihnen hätte. Er würde sich freuen, wenn ich mal zu ihnen gehen könnte, um mir selbst einen Eindruck zu verschaffen. «Umes», sagte er nach seiner Rückkehr zu unserem Zelt, «die wollen dich mal kennenlernen. Komm, wir gehen zusammen rüber.»

Die wollten vielleicht mich kennenlernen, aber ich doch nicht zu denen gehen! Der Schweiß brach mir aus, und panische Angst packte mich. Meine Knie schlotterten so, dass ich die paar Meter bis zu ihrem Lagerfeuer kaum schaffte. Herr Simon redete mir gut zu. «Schau doch, du brauchst gar keine Angst zu haben, die tun dir nichts.» Wir standen am Rand ihres Lagers, und ich hielt mich dicht an seiner Seite, schaute auf den Boden und hoffte, dass bald alles vorbei wäre. Einen Moment lang herrschte Schweigen, dann warf mir einer, in leicht schroffem Ton, die klassische Frage zu: «Wo kommst du denn her?» Vor lauter Angst hatte ich eine trockene Kehle und konnte kaum sprechen. Nach kurzem Räuspern brachte ich schließlich heraus: «Sri Lanka.» «Und warum bist du hierhergekommen?» «Weil da Krieg ist.» «Du kannst doch nicht einfach deine Heimat verlassen, wenn da Krieg ist. Du musst kämpfen, musst für dein Vaterland kämpfen. Das ist wichtig!» Ich war überfordert und konnte ihnen nicht erklären, dass ein Bürgerkrieg eine andere Sache ist als Landesverteidigung. Herr Simon erläuterte ihnen die Situation in meiner Heimat ein wenig und zeigte dann ebenso Interesse für sie, fragte nach ihrer Herkunft und ihrem Leben.

Ich weiß nicht, wie lang die Begegnung dauerte, wahrscheinlich nicht mal zehn Minuten. Aber darauf kam es auch nicht an. Es war ein Ereignis, das mich nachhaltig beeindruckte, vielleicht war es sogar prägend für mein Leben. Denn die Botschaft und der Effekt waren ganz klar: Wenn man einander kennt, miteinander spricht, hat man weniger Angst. Danach konnte ich mich frei auf dem Platz bewegen und musste nicht länger im Zelt hocken. Ich traute mich raus. Natürlich wurden diese Leute und ich keine besten Freunde, aber meine Angst hatte merklich nachgelassen. Sie beherrschte mich nicht mehr. Auf Tamil gibt es eine Redewendung dafür, die in etwa lautet: Du bist mitten im Feuer, aber es verbrennt dich nicht.

Herr Simons Experiment war einigermaßen gewagt, würde ich heute sagen. Das Ganze hätte auch schiefgehen können, selbst wenn nichts richtig Schreckliches passiert wäre. Wäre einer von den anderen unfreundlich geworden, hätte ich vielleicht einen Schock mit langfristigen Folgen davongetragen. Von den Auswirkungen eventueller Handgreiflichkeiten ganz zu schweigen. Dennoch bin ich Herrn Simon sehr dankbar. Er hat mir gezeigt, dass man einander nicht feindlich gegenüberstehen muss, auch wenn es zunächst so aussieht. Und dass es sich lohnt, den ersten Schritt zu machen, statt darauf zu warten, dass die anderen sich in Bewegung setzen.

Die weitere Fahrt war großartig. Ich war superneugierig auf die Menschen, speziell auf die aus der damaligen DDR, aus Schwerin, Güstrow, Bützow und Sternberg. So kamen Jens Erxleben, Martin Winkelmann und Martin Göritz in mein Leben, außerdem Franziska Jüngling, Franziska Otto, Ulrike Magarin. Sie waren ein Jahr jünger als ich und gingen in die 8. oder 9. Klasse. Auch nach unserer Rückkehr hielten wir die Verbindung aufrecht und schrieben uns Briefe. Natürlich versickerte der Strom im Laufe der Zeit, aber mit zwei oder drei von ihnen blieb ich in Kontakt.

Der Wichtigste für mich war Jens Erxleben. Eines Tages, ungefähr ein Jahr nach der Klassenreise, rief er an, holte seinen Vater ans Telefon, der meinen Onkel fragte, ob er etwas dagegen hätte, wenn ich eine Woche in den Ferien zu ihnen kommen würde. Ich war einer Ohnmacht nahe: eine Woche Ferien in der Familie von Jens! Zum Glück ließ sich mein Onkel rasch überzeugen und stimmte zu. Natürlich konnte ich mich nicht einfach in den Zug setzen und dorthin fahren, nicht einmal das Abholen ging ohne Bürokratie. Mein Status erlaubte es mir weiterhin nicht, Hamburg einfach so zu verlassen. Und da es sich nicht um eine Schulfahrt handelte, waren die Hürden noch etwas höher als sonst.

Jens' Vater schickte mir per Post eine formelle Einladung, in der er genau beschrieb, zu welcher Zeit ich kommen sollte und dass die Familie für alle Kosten aufkommen würde. Diese Karte zeigte ich in der Schule vor, und der Schulleiter schrieb eine Empfehlung, dass der Aufenthalt in einer deutschen Familie sehr nützlich in Bezug auf meine Sprachkenntnisse wäre und er die Einladung befürworte. Mit der Karte und dem Schreiben des Rektors ging ich zur Ausländerbehörde, die sich alles genau ansah, mich befragte und zu folgendem Schluss kam: Dem «Inhaber der Aufenthaltsgestattung Nr. 3 124 680 wird die Erlaubnis erteilt, den Bereich der Aufenthaltsgestattung in der Zeit vom 3.10.1996 bis 13.10.1996 vorübergehend zu verlassen und sich nach Jens Erxleben, Sternberg und Umgebung, zu begeben». Ein merkwürdiges Deutsch, dessen bürokratische Schönheit ich damals noch nicht würdigen konnte, es kam mir eh nur auf den Stempel an. Zwei Tage vor dem geplanten Ferienbeginn erhielt ich ihn, bis dahin bibberte ich, ob es denn wohl auch klappen würde und nicht in letzter Sekunde alles in sich zusammenfiele.

Jens und sein Vater holten mich mit dem Auto aus Mümmelmannsberg ab. Es wurde eine der schönsten Wochen meines Lebens. Ich war so begeistert von der Atmosphäre und der herzlichen Aufnahme, dass ich noch heute eine tiefe Dankbarkeit für das verspüre, was mir diese Familie durch ihr Engagement und ihre uneigennützige Zuwendung schenkte. Ich fühlte mich geborgen, aufgehoben und vollkommen unbeschwert. Nebenbei machte ich Riesenfortschritte im Deutschsein.

Vier Jahre lang durfte ich jeweils eine Woche dort meine Ferien verbringen. Nicht nur sprachlich war der Aufenthalt jedes Mal ein Gewinn, ich lernte sehr viel über den deutschen Alltag. Wie ist der Tagesablauf, wann kauft man ein, wie wird gekocht, wie sind die Aufgaben in der Familie verteilt, wer sind die Nachbarn, was macht man am Nachmittag, was ist ein typisch deutsches Abendbrot usw. Einmal nahm ich sogar an einem Rennen teil, am Güstrow-Waldlauf über 5 Kilometer. Die anderen fanden das lustig und haben sich gefreut. «Oh, aus Sri Lanka kommt einer zu uns zum Laufen. Wir sind international!»

Bei all dem Schönen durfte ich nie vergessen, dass in der Gegend sehr viele Skinheads und Neonazis aktiv waren. Nach der Wende verbündeten sich die Rechtsradikalen aus der ehemaligen DDR und die Westneonazis, sie wollten tatsächlich so etwas wie einen Systemumsturz herbeiführen. In den neuen Bundesländern war die Szene Anfang der 1990er-Jahre besonders stark vertreten.[4] Die Asylbewerberheime in Lichtenhagen, Rostock-Hoyerswerda, Cottbus-Sachsendorf und anderswo wurden überfallen, es gab Straßenschlachten. Vor diesem Hintergrund verbot mir die Familie strengstens, allein in Sternberg herumzustromern. Ab und zu, wenn ich mit Jens zum Einkaufen ging und wir in sicherer Entfernung an einer solchen Gruppe vorbeikamen, hörte ich schon von Weitem das Geschrei: «Nigger, Scheißausländer, was willst du hier?» Es gab am Rand der Innenstadt das Haus der Jugend, das für alle Jugendlichen gedacht war, in dem sich aber eigentlich nur Neonazis trafen, und in der Familie lautete die eiserne Regel: Da gehen wir nicht hin!

Damals machte es mir seltsamerweise gar nicht so viel aus, wegen meiner Hautfarbe beschimpft und geächtet zu werden. Die Geborgenheit in der Familie glich alles aus, sie stand im Vordergrund. Ich glaube, ich war eher verwirrt als verletzt. Nie habe ich einen anderen dunkelhäutigen Menschen dort gesehen. Ich war der einzige, und natürlich fiel ich immer auf.

Auch wenn mir die Erfahrung mit meinem Lehrer damals im Zeltlager gezeigt hatte, dass es sich lohnt, den Dialog zu suchen: Es ist nicht immer möglich. Mit einigen Menschen kann man nicht sprechen. Und ich möchte auch nicht als Märtyrer enden. Doch wann immer es geht, versuche ich, mit den Leuten in Kontakt zu treten. In einer meiner Lesungen war vor einigen Jahren ein NPD-Anhänger im Publikum. Die Veranstalter hatten mich vorgewarnt, offenbar war er bekannt. Ich solle Abstand halten und wegen der Szene allgemein am besten auch nicht mit dem Regionalzug anreisen, sondern mit dem Auto. Ich muss gestehen, dass ich tatsächlich ein wenig besorgt war. Ich hatte heftige Bilder vor Augen, dass der Mann plötzlich aufstehen und mich mit einem Messer angreifen könnte.

Meine Strategie bestand darin, den Mann durch Freundlichkeit zu entwaffnen. Unglaublich sympathisch wollte ich wirken und nett zu ihm sein. So verhielt ich mich äußerst höflich und bedankte mich für seinen Besuch. Ich gebe zu, dass der Mann nicht unangenehm war, keiner von der Radaufraktion. Er hörte zu und stellte mir Fragen. Was ich irritierend fand: Immer wieder sprach er von Heimat, von «Ihrer Heimat». Stets korrigierte ich ihn: «Sie meinen Hamburg.» «Nein, ich meine *Ihre* Heimat.» «Ja, Hamburg ist doch meine Heimat.» Darauf konnte er sich nur schlecht oder gar nicht einlassen. Er wollte mich unbedingt dazu treiben, dass ich einräumte, Deutschland sei nicht meine Heimat. Aber ich blieb dabei, meine Heimat ist Hamburg. Weil es stimmt. Ich bin ein Deutscher mit tamilischen Wurzeln, und mein Zuhause ist Hamburg. Hier bin ich Deutscher geworden, hier ist mir alles vertraut, hier fühle ich mich richtig wohl. Doch der Mann wollte mich unbedingt auf meine Herkunft reduzieren.

Im Nachhinein fiel mir auf, dass ich in der konkreten Begegnung an dem Abend gar keine Angst verspürte. Er war ja kein Monster. Die Sorgen waren nur deshalb entstanden, weil ich vor ihm gewarnt worden war. Das hat mir nochmals verdeutlicht, dass wir immer mit bestimmten Bildern beladen sind und zu wissen glauben, welcher Art die Leute sind, die zur NPD oder auch AfD gehören oder ihr anhängen.

Es gibt in den etablierten Parteien und auch in vielen Medien die Haltung, dass man am besten gar nicht mit ihnen redet, nicht gemeinsam mit ihnen in einer Talkrunde sitzen will. Ich verstehe den Ansatz. Man will den Rechten nicht auch noch eine Bühne bieten, auf der sie ihre kruden Ideen verbreiten können. Außerdem soll es nicht so aussehen, als ob etwa die AfD eine Partei wie jede andere wäre. Trotzdem halte ich einen kategorischen Ausschluss oder eine radikale Ablehnung des Dialogs für schwierig. Manchmal scheint mir, dass es sich um eine Art moralisches Selbstlob handelt, im Sinne von:

«Mit denen rede ich nicht, denn ich gehöre zu den Guten.» Ein Effekt dieser Haltung ist sicherlich, dass man solchen Menschen damit in die Hände spielt, sich bei ihren Anhängern als Ausgegrenzte darzustellen: «Ihr seht es ja, die wollen nicht mit uns reden. So ist diese Gesellschaft, hier darf man nicht sagen, was man will.»

Es ist extrem schwierig, mit Rechten zu diskutieren, das weiß ich. Es gibt einige sehr gute Rhetoriker unter ihnen, gegen die eher zurückhaltende, abwägende Diskutanten keine Chance haben. Außerdem sind sie oft skrupellos in ihrer Argumentation, werfen mit Falschbehauptungen um sich und sind von einer verbalen Aggressivität, die es aufrechten Demokraten erschwert, sich zu behaupten. Dennoch: Ich meine, man muss differenzieren und abwägen, mit wem man sprechen kann und mit wem nicht. Auch die Rechtspopulisten bilden keinen homogenen Block, sondern bestehen aus verschiedenen Strömungen. Im Übrigen: Die AfD ist in allen Landesparlamenten vertreten, auch im Bundestag. An einer Auseinandersetzung kommen wir sowieso nicht vorbei.

Es gibt keine Patentlösung für den Umgang mit Rassisten und Rechtspopulisten, zumindest weiß ich keine. Prinzipiell plädiere ich aber dafür, zumindest den Versuch zu unternehmen, miteinander zu reden. Natürlich muss man genau schauen, welche Zugeständnisse man macht, wie weit man überhaupt gehen kann. Aber ich bin überzeugt davon, dass es sinnvoll ist, mit denen, die an einem Dialog interessiert und nicht nur auf Krawall aus sind, zu reden. Mit einer Verweigerungshaltung läuft man Gefahr, die Befürworter dieses Gedankenguts noch zu bestärken. Ich bin ein positiv denkender Mensch und überzeugt, dass wir mit Aufklärungsarbeit viele erreichen können. Natürlich nicht jeden. Aber wenn wir ein paar überzeugen und ihnen dazu verhelfen können, ihren Blickwinkel zu erweitern, dann wäre das schon ein wichtiger Erfolg.

Manchmal ist es gar nicht so schwer. Ein 17-Jähriger lachte mich einmal aus, als ich sagte, ich sei Deutscher. «Du bist doch kein Deutscher! Du bist doch schwarz!» Ich hätte mich abwenden können, versuchte aber stattdessen, mit ihm zu reden: «Was meinst du, mit welchem Land ich mich identifizieren soll? Wie lange bist du hier?» Die Antwort des Jungen: «17 Jahre!» Also genau so lange, wie er lebte. Meine Gegenfrage: «Weißt du, wie lange ich in diesem Land lebe? 30 Jahre! Ich bin 30 Jahre in Deutschland und du 17. Und du zweifelst daran, dass ich ein Deutscher bin?» Er wurde ein bisschen nachdenklich. Vieles ist eben auch Unwissen, oder es sind spontane Reaktionen ohne jede Reflexion. Da ist das Gespräch die beste Methode, das ein oder andere geradezurücken.

# 11.
# Schweben und springen

Zweimal in meinem Leben war ich kurz davor, Selbstmord zu begehen. Beim ersten Mal war ich ungefähr 16 Jahre alt. Ich dachte, dass der Sprung vom Dach meinen Qualen ein Ende setzen würde, die die Verachtung meiner Schulkameraden mir bereitete. Sie hatten erfahren, dass ich homosexuell war. Das andere Mal wollte ich mein Leben beenden, als mein Asylantrag endgültig abgelehnt wurde.

Es ist wahrscheinlich für jeden und jede schwer, zu entdecken, dass er oder sie sich nicht für das andere, sondern dasselbe Geschlecht interessiert. Auch wenn heute vieles einfacher geworden ist, die Eheschließung für alle erlaubt ist und sich prominente Politiker und Fernsehmoderatorinnen offen zu ihrer Homosexualität bekennen: Ich glaube, für die meisten jungen Menschen ist es zunächst einmal ein Schock, weil die «Norm» oder die Mehrheit anders ist. Für einen jugendlichen Tamilen ist es vielleicht noch unangenehmer, weil in unserer Kultur kaum offen über Sexualität gesprochen wird – und über Homosexualität schon gar nicht. Falls doch, dann nur mit dem Ausdruck der äußersten Geringschätzung und des Ekels. Dass ich mit meinem Onkel oder meiner Tante über meine sich regenden Gefühle hätte sprechen können – absolut undenkbar.

Die Pubertät ist immer eine Zeit der Unsicherheit, der Verwirrung. Damals erkannte ich es nicht, doch heute denke ich, dass ich durch den jahrelang andauernden Schwebezustand bezüglich meines Aufenthaltsstatus wahrscheinlich noch verunsicherter war als andere Jugendliche. Ich wusste einfach nicht, was mit mir los war, warum ich Jungen attraktiver fand als Mädchen und den Wunsch verspürte, sie zu berühren. Mein Coming-out, wenn man es so nennen will, geschah auf eine brutale Weise. Ich verliebte mich in einen Jungen aus unserer Schule. Er spielte mit einem meiner Klassenkameraden regelmäßig Basketball, und ich tat alles, um ihm nahe zu sein. Bei jedem Training hockte ich am Spielfeldrand und schaute ihm zu. Wenn er nach Hause ging, versuchte ich, ihn zu begleiten und irgendwelche unverfänglichen Gesprächsthemen anzuschneiden. Dabei wollte ich ihm eigentlich nur mitteilen, dass ich glücklich war, in seiner Nähe zu sein, und ihn am liebsten umarmen würde. Es war unsagbar.

Schließlich hielt ich es nicht mehr aus und verfasste einen Brief, in dem ich meine Gefühle für ihn beschrieb. Nach ein paar Tagen, in denen ich den Brief mit mir herumtrug, nahm ich allen Mut zusammen und drückte ihn dem Jungen nach dem Training in die Hand, drehte mich auf dem Absatz um und rannte davon, weil ich es nicht ertrug, auf seine Reaktion zu warten. Die sollte ich am nächsten Tag erleben. Schon von Weitem hörte ich Grölen und Schreien: «Da kommt die Schwuchtel!» Es war grauenvoll. Offenbar hatte mein Angebeteter den Brief herumgezeigt, mich dem Gespött und Hohngelächter der anderen regelrecht ausgeliefert. Einer meiner besten Freunde trat vor mich und fragte inquisitorisch: «Hast du den Brief geschrieben? Du bist also wirklich schwul? Das ist ja absolut ekelhaft!»

Ich wundere mich, dass ich nicht umgekippt bin. Die Verachtung der anderen traf mich mit einer solchen Wucht, dass mir regelrecht die Luft wegblieb. Ich war erledigt, das war klar. Für immer und ewig. Nicht nur, dass meine Liebe nicht erwidert wurde, sie war auch noch verraten worden. Nach dem Kodex der Jungs hier im Basketballverein war ich absolut verabscheuungswürdig, nichtswürdiger Dreck. Aus Umes war eine Schwuchtel geworden, ein Geächteter.

Von jetzt an lief ich nach der Schule schnurstracks heim und verließ das Haus nur noch, um meiner Tante beim Einkaufen zu helfen oder um einem meiner Nebenjobs nachzugehen. Ich mied jeden Kontakt mit den anderen, um mir weiteren Schmerz zu ersparen. Die Einzige, der ich mich anvertraute, war eine japanische Schulkameradin. Sie war diskret, das wusste ich. Es war eine große Erleichterung für mich, dass ich meine überwältigenden Gefühle und die Scham, überhaupt so zu empfinden, einer wohlwollenden Seele offenbaren konnte. Von dieser Freundin abgesehen blieb mir niemand mehr, mit dem ich sprechen konnte. Meine Freunde wandten sich ab, weil sie nicht in Verdacht geraten wollten, selbst homosexuell zu sein. Von einem Tag auf den anderen mieden mich fast alle.

Ich gab einem Jungen aus der sechsten Klasse Nachhilfestunden in Mathematik. Kurz nach dem «Vorfall» rief er mich an und sagte, seine Mutter wolle nicht mehr, dass ich ihm Nachhilfe gebe. Warum, erklärte er nicht, aber mir schien nur allzu offensichtlich, dass auch hierfür meine Homosexualität der Grund war. Das war, abgesehen von der Demütigung, auch ein finanzieller Schock. Ich verdiente Geld als Spülhilfe im Restaurant, als Reinigungskraft oder eben durch Nachhilfe. Eisern sparte ich, um so viel wie möglich am Ende des Monats meinen Eltern zu überweisen. Sie waren auf meine Unterstützung angewiesen. Die Verhältnisse in Sri Lanka waren nach wie vor katastrophal, die Verdienstmöglichkeiten für meinen Vater stark eingeschränkt. Und nun versickerte gerade eine meiner Geldquellen, weil ich die Liebe eben anders fühlte, als es sich nach Ansicht der meisten um mich herum gehörte.

Ich war einsam und abgrundtief verzweifelt. Ich fühlte mich alleingelassen, ohne dass ich dafür einen Schuldigen hätte benennen können. Eines Tages stapfte ich die Treppen hoch zu unserer Wohnung im dritten Stock und hatte das Gefühl, dass meine Beine von einer Stufe zur anderen schwerer wurden. Dabei war ich doch Marathonläufer! Aber dieses Gefühl hatte ich selbst bei den schwierigsten Wettbewerben nicht erlebt, dieses Bleierne, das Gefühl der Bewegungsunfähigkeit. Heute glaube ich, dass diese Schwere die körperliche Entsprechung des Lebensgefühls war, das mich beherrschte. Alles zog mich nach unten.

Mein Zufluchtsort, auch in besseren Zeiten, war der elfte Stock, das Flachdach unseres Hochhauses. Es war eine windige Stelle, eigentlich ungemütlich, dennoch fühlte ich mich dort oben immer wohl, weil ich mir so frei vorkam. Mir gefiel es, durchgepustet zu werden. Oft hatte ich das Gefühl, dass meine Sorgen aus dem Kopf geweht wurden, wenn ich nur lange genug dort stand, dass ich irgendwie leichter wurde. Mühsam schaffte ich es an diesem Tag bis ganz nach oben. Ich klammerte mich an das Gitter und blickte über die anderen Häuser hin zu dem Naturschutzpark, zu dem herrlichen Grün, durch das ich schon so oft gelaufen war. Ich fragte mich, wie es wäre, wenn der Wind nicht nur meine Gedanken aus dem Kopf wehte, sondern mich ganz und gar mitnähme, wenn ich aus meiner hiesigen Misere hinausschwebte. Ich würde fallen, aber einen kleinen Moment lang würde ich mich unbeschwert und ganz leicht fühlen. Und danach ... Danach wüsste ich von allem nichts mehr.

Ich tat es nicht. Ich kletterte nicht über das Gitter, um mich hinunterzustürzen. Ich blieb. Weil ich Verantwortung trug für meine Familie. Was würden meine Eltern und Geschwister von mir denken, wenn ich einfach verschwände? Wie wäre es für meinen Onkel und meine Tante, die mich drei Jahre zuvor aufgenommen hatten? Ich drehte mich um und ging wieder hinunter. Wenn mich fortan Mitschüler oder Bekannte fragten, ob ich schwul sei, stritt ich es rigoros ab. Ich schwärmte immer mal wieder für einen Jungen, doch behielt das für mich und gestattete mir nicht die geringste Andeutung. Ich versuchte, wieder Umes zu werden und den «Makel» verschwinden zu lassen. Wie es in meinem Inneren aussah, ging niemanden etwas an. Nach und nach beruhigte sich die Lage, das Interesse der Mitschüler an meiner sexuellen Orientierung erlahmte. Sie wandten sich anderen Themen zu. Außerdem musste ich mich bald um andere Dinge kümmern. Meine Duldung wurde nicht mehr verlängert.

# 12.
# Abgelehnt

Behördliche Schreiben sind seltsam. Der Stil ist trocken, kompliziert wegen der verschachtelten Sätze mit zahlreichen Rückbezügen und Verweisen auf Paragrafen und Aktenzeichen. Doch die Optik ist oft wunderbar wegen des Wappens oder Wahrzeichens, das über allem prangt. Als ich im August 1997 Post vom Hamburgischen Oberverwaltungsgericht erhielt, nahm das obere Viertel der ersten Seite das große Staatswappen ein, die Burg mit den drei Türmen, rechts und links flankiert von zwei Löwen und gekrönt von einem Helm mit drei Pfauenfedern. Das Wappen wirkte stark und vertrauenerweckend, sehr souverän. Auf dem Rest der Seite folgten die Formalia mit den Adressen und Bezeichnungen der Beteiligten, «Umeswaran Arunagirinathan gegen die Bunderepublik Deutschland, vertreten durch das Bundesministerium des Innern, dieses vertreten durch den Leiter des Bundesamts für die Anerkennung ausländischer Flüchtlinge, beigeladen der Bundesbeauftragte für Asylangelegenheiten». Die eigentliche Nachricht stand erst auf Seite 2: «... wird abgelehnt.»

Nach sechs Jahren in Deutschland und mehrmaliger Verlängerung meines Status als Geduldeter war es jetzt endgültig aus. Mein Antrag auf Anerkennung als Asylberechtigter war mehrmals abschlägig beschieden worden, ebenso die Klagen gegen diese Entscheidung durch verschiedene Instanzen.

Das Oberverwaltungsgericht Hamburg hatte das letzte Wort. Praktisch bedeutete das, dass ich innerhalb der nächsten 30 Tage abgeschoben werden konnte, nach Sri Lanka oder in ein anderes Land, das bereit wäre, mich aufzunehmen. Auch wenn ich irgendwie damit gerechnet hatte, weil es nach all den Ablehnungen sehr unwahrscheinlich war, einen positiven Bescheid von der höchsten Instanz zu bekommen: Gehofft hatte ich es trotzdem, mit jeder Faser meines Herzens. Ich war nun schon so lang in Deutschland, stand kurz vor dem Abitur, wollte Medizin studieren, hatte Freunde hier, musste noch die Schulden bei meinem Onkel abbezahlen – und jetzt sollte ich abgeschoben werden in ein Land, in dem Krieg herrschte? Alles umsonst? Die Strapazen der Flucht, die Mühen der Integration, das ewige Betteln um Genehmigungen für den kleinsten Schritt über die Grenzen Hamburgs hinaus, die Unterstützung aller Lehrerinnen und Ehrenämtler? Ich hatte schon einmal davon gelesen, dass man bei einem Schock quasi aus sich heraustritt, sich selbst beobachtet. So ähnlich ging es mir jetzt. Ich schaute mir dabei zu, wie ich schwankte, weil mir der Boden unter den Füßen weggezogen wurde.

Meine Tante kam, blickte auf den Brief und war schockiert von der Nachricht. Auch sie wusste keinen Rat mehr, natürlich nicht. Ich sah sie an, ohne sie richtig wahrzunehmen. Ich hörte, dass sie irgendetwas sagte, aber ich konnte ihr nicht folgen, ich verstand sie nicht. Mein alter Zufluchtsort in der elften Etage – dort würde ich zu mir kommen. Als ich oben auf dem Dach war und mir den Wind ins Gesicht blasen ließ, kam sie wieder, die Versuchung. Mich leicht zu machen und einfach einen Schlussstrich zu ziehen. Es war ein heikler Moment. Alles hätte ganz anders ausgehen können. Wenn ich emotional schwächer gewesen wäre – ich hätte es getan.

Ein Freund meines Schwagers, der mit Schleppern von Sri Lanka nach Kanada gebracht wurde, warf sich nach acht oder neun Monaten vor einen Zug. Er hielt dem Druck nicht mehr stand, er war in der Fremde, musste seine Schulden bezahlen, hatte Probleme mit den Behörden. Er sprang, weil er nicht mehr konnte, weil er keine Möglichkeiten mehr sah. Seine beiden Brüder waren im Krieg gestorben. Wenn ich daran denke, dass seine Eltern alle ihre Söhne verloren ...

Ich spuckte über die Reling des Dachs und verfolgte den Weg der Spucke. Es dauerte eine Weile, bis sie unten angelangt war. Wenn ich mich hinunterstürzte, würde es schneller gehen. Ich schaute auf das Mümmelmannsberger Gewimmel zwischen den Häusern, die spielenden Kinder und die jungen Frauen mit ihren Babys, die alten Männer auf der Bank. Ich dachte an meine Mutter. Was würde sie sagen, wenn sie an meiner Stelle wäre? Was würde sie meinen Geschwistern erzählen, um die Leerstelle zu erklären?

Zum Glück war ich stark. Ich sage absichtlich: zum Glück. Denn man kann sich um die Entwicklung seiner Persönlichkeit bemühen und versuchen, aus seinen Erfahrungen heraus zu reifen. Doch letztlich ist man nicht Herr des Geschehens. Warum man so wird und nicht anders, stark oder schwach, aktiv oder passiv, hängt von vielem ab, nicht nur vom eigenen Wollen. Sicher würden viele Menschen eine solche Flucht, wie ich sie erlebte, entsetzlich finden. Ja, ich fand es schlimm, aber ich versuche immer, sie mit einer Situation zu vergleichen, die noch schlimmer ist. Ich versuche, Relationen herzustellen. Meine Patienten frage ich: «Wie ist der Schmerz, furchtbar oder noch erträglich? Stellen Sie sich eine Skala von 1 bis 10 vor. Wo liegt da Ihr Schmerz?» Eine Flucht liegt für einen durchschnittlichen Menschen in Deutschland vielleicht bei Punkt 8 auf der Skala. Ich hingegen würde wahrscheinlich sagen: Ja, es war hart, nach meinem Empfinden liegt die Flucht auf der Skala bei 4 oder 5. Weil ich schon andere Schmerzen erfahren hatte, den Tod meiner Schwester etwa. Bei der Verarbeitung traumatischer Erfahrungen spielt eine entscheidende Rolle, was man zuvor erlebt hat und wie man sich damit beschäftigt hat. Dann kann man eine zumindest teilweise rationale Haltung einnehmen: Bin ich Opfer dieses Bürgerkriegs, dieser Flucht? Oder bin ich ein Gewinner, weil ich es mithilfe meiner Mutter und meines Onkels geschafft habe, dem Krieg zu entfliehen? Ich bin aus alldem herausgekommen, habe die Schule besucht, diese wahnsinnig schwere deutsche Sprache gelernt und Fuß gefasst. Ich habe alles überlebt, weil ich Menschen um mich hatte, die mir halfen und mich willkommen hießen. Ich habe großes Glück gehabt. Wäre ich in einem Lager gelandet, wäre ich verloren gewesen.

Mir hingegen wurde ermöglicht, hier Wurzeln zu schlagen. In einem Lager soll man keine Wurzeln schlagen, und man kann es auch gar nicht. Man ist zur Inaktivität verdammt, sitzt herum, wartet, ist vollkommen abhängig von den Entscheidungen anderer. Und von dem Verhalten anderer. Man erlebt unter Umständen genauso Schreckliches wie auf der Flucht oder sogar noch Schlimmeres. Ich hingegen hatte Glück mit meinem Onkel und noch mehr mit meiner Schule. Es gab dort so viele Menschen, die sich für junge Leute wie mich engagierten, die an uns glaubten und uns förderten. Sie verschafften uns Erfolge, sei es durch Fortschritte im Lernen oder durch die Teilnahme an einem Marathon. Das motivierte, es verhalf zu der Erkenntnis, dass sich das eigene Handeln und die viele Mühe, die man aufwendet, um etwas zu erreichen, lohnen können.

Ich habe das alles nicht im Einzelnen analysiert, als ich da oben auf dem Dach stand und versucht war zu springen. Ich konnte überhaupt nicht klar denken. Aber im Nachhinein bin ich davon überzeugt, dass mich das Gefühl der Dankbarkeit und die Verbindung mit diesem Land, in dem ich Wurzeln geschlagen hatte, davon abhielten, Schluss zu machen. Auch wenn mich dieses Land offenbar gar nicht haben wollte.

Am nächsten Tag ging ich in die Schule und sprach mit Lorenz Köhler, meinem Klassenlehrer.

## 13.
## Gibt es keinen Platz für mich?

Lorenz Köhler ist einer der bedeutendsten Menschen in meinem Leben. Er hat mich unterstützt, an mich geglaubt und mir in den schwierigsten Situationen beigestanden. Ohne ihn wäre ich niemals dorthin gekommen, wo ich jetzt stehe. Damals mobilisierte er seine Kolleginnen und Kollegen, mit ihrer Unterschrift meinen Antrag an den Petitionsausschuss zu unterstützen. Alle haben unterschrieben. Darüber hinaus verfassten ungefähr zehn Lehrerinnen und Lehrer des Kollegiums, die parteipolitisch aktiv waren, Bittbriefe an ihre jeweiligen Abgeordneten, man möge mir eine Sonderduldung gewähren.

Der Petitionsausschuss war meine letzte Chance. Wenn er ablehnte, ginge nichts mehr. Ich würde abgeschoben werden, also in ein Flugzeug gesetzt und nach Sri Lanka befördert. Eine eventuelle Wiedereinreise, wenn ich sie überhaupt praktisch hätte bewerkstelligen können, wäre illegal. Ich setzte alle Hebel in Bewegung, um diesen Gang der Dinge zu verhindern. In den Tagen, nachdem der ablehnende Bescheid des Oberverwaltungsgerichts eingegangen war, machte ich kaum etwas anderes, als alle Welt um Hilfe zu bitten. Ich klapperte die Kirchen ab und fragte um Kirchenasyl für den Fall, dass ich tatsächlich abgeschoben werden sollte. Keine Ahnung mehr, mit wie vielen Menschen ich sprach. Nur wenige verhielten sich ablehnend, die meisten waren sehr freundlich. Wem selbst keine Möglichkeiten zur Verfügung standen, der verwies mich an jemand anderen. Das Kirchenasyl war mein Plan B für den Fall, dass alle Stricke rissen. Die Wohnung meines Onkels wäre kein sicherer Ort mehr für mich. Ich hatte im Fernsehen Szenen gesehen, wie Abzuschiebende aus den Häusern geholt und zum Flughafen gebracht wurden. Das könnte auch mir drohen.

Plan A bestand darin, politisch aktiv zu werden. Damals war ich Landesschulsprecher, und in dem Jahr, 1997, fand das erste Mal in Hamburg eine Woche «Jugend im Parlament» statt. Es war ein Projekt, an dem Auszubildende und Schüler fünf Tage lang in der Hamburger Bürgerschaft die politische Arbeit mit Ausschüssen, Sitzungen und allen Abläufen kennenlernen sollten. Wir spielten also Parlament im Rathaus, um zu lernen, wie Politik funktioniert. Und ich war der Vorsitzende unseres Ausländerausschusses. Am Ende dieser fünf Tage sollte es mit den Abgeordneten eine Stunde lang eine Debatte über ein Thema geben, das uns wichtig erschien. Mir war aus gegebenem Anlass meine Abschiebung das Wichtigste. Ich redete und argumentierte wie verrückt, um das Thema zum Gegenstand der Schlussdebatte zu machen. Mit 110 Stimmen von rund 150 Schülerinnen und Schülern kam der Antrag durch.

Am letzten Tag hielt ich also eine Rede im Hamburger Parlament, in der ich meine Geschichte schilderte, meine Heimatverbundenheit mit Hamburg, meine schulischen Erfolge, mein Engagement – und dass das alles nichts mehr galt, sogar zunichtegemacht werden sollte mit der Abschiebung. Die Aktionswoche war zwar ein Schulprojekt, aber doch so ernsthaft angelegt, dass sich der Innenausschuss tatsächlich mit meinem Fall beschäftigen musste. Der Ausschuss lud mich ein, der Chef der Ausländerbehörde und die Ausländerbeauftragte sollten dazukommen.

Parallel netzwerkte ich wie besessen. Die Hamburger Morgenpost veröffentlichte einen großen Artikel mit vielen Fotos, aus denen sie mich sichtbar wegretuschiert hatten: Es gab nur noch weiße Leerstellen von mir, etwa beim Laufen, im Schülerparlament, in der Klasse, im Stadtteiltheater, in den vielen Zusammenhängen, in denen ich aktiv war. Als ich die Zeitung aufschlug und die hellen Flecken sah, an denen eigentlich ich hätte zu erkennen sein müssen, wurde mir selbst ganz flau. Ja, so wäre es: Mir würde alles fehlen, was mir Freude gemacht hatte, und jeder, mit dem ich gern zusammen war.

In diesem Jahr war ich SPD-Mitglied geworden. Ich hatte mich immer für die Politik begeistert und wollte selbst die politischen Verhältnisse mitgestalten, Verantwortung übernehmen. In einer Partei würde mir das am besten gelingen – dachte ich damals, ein bisschen naiv natürlich. Zu der Zeit war Henning Voscherau Erster Bürgermeister und Hamburg eine Hochburg der SPD, die sehr wirtschaftsfreundlich, vernünftig und kaufmännisch agierte, anders als in anderen Bundesländern. Ich wurde also Mitglied der hamburgischen Voscherau-SPD. Rebellisch blieb ich trotzdem und organisierte mit meinen Schulkameraden Anti-Atomtest-Demos und Protestschreiben gegen alles Mögliche. Als Schulsprecher hatte ich Kontakt mit der Schulsenatorin, Frau Raab, sowie mit vielen SPD-Müttern und -Vätern aus dem Elternrat. Viele von ihnen verwendeten sich für mich. Auch etliche andere SPD-Mitglieder setzten sich für mich ein.

Welcher der vielen Versuche und Berichte letztlich den

Ausschlag gab, weiß ich nicht, wahrscheinlich trug alles seinen Teil bei. Auf jeden Fall erhielt ich Anfang Juni 1997 die Erlaubnis, bis zum Abschluss des Abiturs in Hamburg zu bleiben – eine Sonderduldung. Ich war zutiefst erleichtert und konnte mich endlich darauf konzentrieren, für das Abitur zu lernen, was ich bis dahin wegen der ganzen Aufregung und der Aktivitäten kaum geschafft hatte. Dennoch war die Sonderduldung noch keine Befreiung, es war ein Aufschub.

In der Hoffnung, dass nicht nur meine Schulkameraden, sondern auch ihre Eltern und noch viele andere Menschen meine Geschichte lesen würden, verfasste ich einen Artikel für die Schülerzeitschrift.

### *Mein Leben ist ein Gefängnis*

*Ich bin kein Krimineller, und ich bin auch keiner, der Scheiße baut. Ich bin ein Mensch, der in Hamburg lebt, sich dort wohlfühlt und der sich für andere einsetzt. Ich heiße Umes und bin 20 Jahre alt. Ich bin ein Tamile aus dem Norden Sri Lankas. Dort herrscht seit ca. 15 Jahren Bürgerkrieg. Seit 7 Jahren lebe ich nun in Hamburg und wohne bei meinem Onkel in Mümmelmannsberg. Dort gehe ich auf die Gesamtschule in die 12. Klasse. Als Schulsprecher setze ich mich für die Rechte der Schüler ein.*

*In Hamburg habe ich einen Asylantrag gestellt, welcher im September vergangenen Jahres vom Oberverwaltungsgericht abgelehnt wurde. Ich sollte Deutschland sofort verlassen, aber meine Schule hat sich für mich eingesetzt – ich darf in Hamburg noch mein Abitur zu Ende machen. Dann aber muss ich raus. Bis dahin werde ich «geduldet». Das bedeutet für mich, dass ich nicht arbeiten und Hamburg auch nicht ohne die Erlaubnis der Behörde verlassen darf. Ich möchte so gerne in Deutschland bleiben und Medizin studieren, aber die Behörden machen mir überall die Türen zu. Bin ich ein Mensch zweiter Klasse? Ich weiß nicht, in welchem Jahrhundert ich lebe, denn ich möchte mich frei bewegen können, ich möchte arbeiten dürfen, ich möchte Mensch sein.*

*Meine Eltern und Geschwister leben im Kriegsgebiet auf Sri Lanka und sind in großer Gefahr. Telefonieren kann ich nicht mit ihnen, und Briefe dauern Monate. Ich habe meine Familie seit über 8 Jahren nicht gesehen. Die Frage ist, wann und ob ich sie je wiedersehe. Alles ist bei mir fraglich. In mir tickt eine «innere Uhr» und sagt ständig, dass ich nur noch wenige Monate habe, bis der Zeitpunkt gekommen ist – bis ich wieder zurückmuss. Kann die Uhr nicht langsamer laufen? Ich möchte noch länger in Hamburg bleiben. Als ich auf Sri Lanka war, hatte ich viele Freunde, und als ich Sri Lanka verlassen habe, habe ich gleichzeitig auch meine Freunde verlassen. Am Anfang hatte ich in Hamburg fast keine Freunde; jetzt habe ich viele, die ich, wenn ich zurückmuss, wirklich vermissen werde. Ich bin doch keine Maschine, die ständig Orte wechseln kann – und Freunde. Ich bin auch ein Mensch, und ich habe auch Gefühle.*

*Ich möchte in Deutschland bleiben, Medizin studieren und später als Arzt den Menschen in der Dritten Welt helfen. Ich möchte mich für Frieden in der Welt engagieren. Das alles kann ich nur von Deutschland aus tun, denn hier bin ich zu Hause und sicher. Meine Träume können nur dann wahr werden, wenn die Behörden die Türen öffnen. Die Gesetze sagen, ich müsse raus. Aber die Gesetze sind nicht von Gott geschrieben, sondern von Menschen. Ich habe noch Hoff-*

*nung, aber die Frage ist, wie lange noch? Auf Sri Lanka herrscht immer noch Krieg, aber kein Mensch weiß Genaues darüber. Mein Volk, die Tamilen, werden mit falschen Begründungen eingesperrt und getötet. Im Gefängnis werden sie wie Tiere behandelt. Was soll ich noch auf Sri Lanka machen? Sicherheit gibt es für mich auf Sri Lanka nicht. Gibt es denn in Deutschland keinen Platz für mich?*

# 14.
## Statusfragen

Auch wenn mein Onkel der Ansicht war, dass eine Ausbildung das Beste für mich wäre: Ich träumte weiterhin von einem Medizinstudium. Eine Hürde musste ich dafür allerdings nehmen, und zwar keine kleine: Der Numerus clausus für Medizin verlangte auf jeden Fall eine Note mit einer 1 vor dem Komma. Das war eine Riesenaufgabe. Ich lernte wie besessen, vor allem nachdem ich wegen der Duldungserwirkung nicht mehr so eingespannt und abgelenkt war. Aber einen Einserschnitt zu erobern, das war schwer. Und Deutsch war eins meiner Abiturfächer. Auch wenn ich nach acht Jahren in Deutschland natürlich Riesenfortschritte gemacht hatte: Manche Spezialfälle der Sprache blieben mir einfach verschlossen. Warum es «das Auto», aber «der Wagen» heißt, begriff ich nicht. Oder warum die Vergangenheitsformen mancher Verben so gebildet wurden, dass sie den bedeutungstragenden Teil des Worts quasi unkenntlich machten. Dazu noch die absolut nicht nachvollziehbare Verrücktheit der Umlaute. Einem deutschen Muttersprachler ist gar nicht klar, was er da ganz selbstverständlich von sich gibt.

Die schriftliche Arbeit hatte ich hinter mir, nun stand als krönender Schluss die mündliche Prüfung an. Ob ich mal wieder Glück hatte oder ob die Lehrkräfte es sehr gut mit mir meinten, weiß ich nicht. Mein Prüfungsthema lautete jedenfalls «Integration von Ausländern in Deutschland». Dazu konnte ich natürlich eine Menge erzählen. Das Problem: möglichst wenig sprachliche Fehler machen. Ich gab mir alle Mühe, wurde befragt von drei Prüfern und setzte mich nach 30 Minuten mit heftig klopfendem Herzen in den Wartebereich. Ob es gereicht hatte? Nach fünf Minuten teilte mir Frau Ninnemann das Ergebnis mit. Es war eine glatte 1! Ich glaubte, mich verhört zu haben. Das konnte doch nicht wahr sein. Aber sie bestätigte es. Ich war außer mir vor Freude und fiel ihr um den Hals. Das war natürlich nicht ganz angemessen, aber sie lachte nur und nahm es mir nicht übel. Ich musste mir die Note immer wieder laut vorsagen, damit ich langsam selbst daran glauben konnte.

Mein Durchschnitt ergab 1,8. Heute würde dieser bei Weitem nicht genügen, aber damals konnte man mit dieser Note noch Medizin studieren. Somit war ich meinem Ziel, Arzt zu werden, einen Riesenschritt näher gekommen, wenngleich der Hauptteil ja erst noch bewältigt werden musste. Der Abschied von der Schule war tränenreich. Acht Jahre war sie mein zweites Zuhause gewesen, acht Jahre lang hatten sich die Lehrerinnen und Lehrer um mich gekümmert, mir viel beigebracht, mich ermutigt, mir Wege geebnet und sich dafür eingesetzt, dass ich in Deutschland bleiben durfte. Es war gut, dass etwas Neues begann, aber es schmerzte auch, das Alte, Vertraute zu verlassen. Zum Abschied bekam ich ein Geschenk, ich habe es im Zusammenhang mit meiner Läuferkarriere schon angerissen: Alle Schüler und Lehrkräfte hatten zusammengelegt und mir ein Paar Nike-Laufschuhe gekauft, für meinen «unermüdlichen Einsatz in der Schülervertretung» und damit mir die nächsten Schritte auf meinem Weg leichtfielen. Nike-Schuhe waren mein Traum. Und nun bekam ich diese Schuhe, die ich mir nie hätte selbst leisten können. Ich war überwältigt – erneut Tränen auf allen Seiten.

Damals musste man sich bei der ZVS, der Zentralstelle für die Vergabe von Studienplätzen, bewerben. Für einen Studienplatz in Hamburg reichte die 1,8 nicht, so gab ich als Wunschort Lübeck an und war überglücklich, als der positive Bescheid kam. Er befindet sich noch immer bei meinen Papieren, obwohl es sich ja weder um ein Zeugnis noch sonst etwas handelt. Aber trotzdem ist es mir wichtig, dass er noch da ist. Es war die Zulassung nicht nur zum Studium, sondern es begann damit ein ganz neuer Lebensabschnitt. Zunächst aber galt wie immer: Die Bürokratie musste erledigt werden. Mit dem ZVS-Bescheid ging ich zur Behörde in Hamburg und besorgte mir die Erlaubnis, dass ich nach Lübeck fahren dürfte, um mich dort zu immatrikulieren.

Noch zu Beginn des Studiums war mein Status unsicher. Zunächst erhielt ich eine sogenannte Sonderbewegungsfreiheit. Das heißt, ich durfte zwischen Hamburg und Lübeck hin- und herfahren, ohne jedes Mal eine Erlaubnis dafür einholen zu müssen. Das wurde sehr wichtig für mich, weil ich das Studium selbst finanzieren musste, also durch Arbeit. Während der Woche arbeitete ich in Lübeck, als Komparse, Putzmann oder was sich sonst bot. Am Wochenende fuhr ich nach Hamburg, arbeitete in der Küche bei McDonald's oder in den Spülküchen von Restaurants und nahm dann am Montag, nach insgesamt 21 Stunden Wochenendarbeit, in aller Frühe den Zug zurück nach Lübeck, um rechtzeitig für die erste Vorlesung wieder da zu sein.

Bafög-berechtigt war ich nicht. Dafür musste man Eltern haben, die in Deutschland lebten und arbeiteten und deren Verdienst ein deutsches Finanzamt bestätigte. Nur dann konnte man die staatliche Unterstützung beantragen. Aber mangels Eltern in Deutschland fiel diese Option für mich natürlich weg. Aus dem Haushalt meines Onkels und meiner Tante war ich Sparsamkeit zwar gewohnt, aber während des Studiums wurde ich dann richtig arm. Ich konnte nur ausgeben, was ich verdiente. Und davon schickte ich auch noch jeden Monat 200 Mark nach Sri Lanka, um meine Eltern zu unterstützen. Standen große Ereignisse wie etwa die Hochzeit einer meiner Schwestern an, ging es um noch mehr. Es wurde nicht offiziell verlangt, aber dennoch erwartet, dass ich mich sowohl an der Mitgift als auch an der Ausrichtung der Feierlichkeiten mit erheblichen Summen beteiligte. Ich war schließlich der älteste Sohn, und darüber hinaus lebte ich in Deutschland. Das war gleichbedeutend mit: Wir können uns darauf verlassen, dass er Geld schickt. Dass ich ja noch gar keinen Beruf hatte, sondern im Gegenteil die erheblichen Investitionen für meine Zukunft erst aufbringen musste – das drang einfach nicht ins Bewusstsein der in der Heimat Gebliebenen.

Ich höre solche oder sehr ähnliche Geschichten von vielen eingewanderten Freunden und Bekannten, auch von denen in der zweiten oder gar dritten Generation. Es ist eine typische Erwartungshaltung der Familie in der Ursprungsheimat: Wer es nach Deutschland oder Europa geschafft hat, schickt Geld. Es baut sich ein enormer Druck auf, zumal es unmöglich ist, zu erklären, wie schwer man auch hier sein Geld verdient. Dass ein üppig wirkender Stundenlohn hier weniger wert ist, als er am anderen Ende der Welt erscheint, weil noch Steuern abgezogen werden und die Lebenshaltungskosten ganz allgemein sehr hoch sind – man kann es versuchen zu erklären, aber es bringt nicht viel. «Der Westen», Deutschland oder Europa sind das Schlaraffenland, Sehnsuchtsorte, Traumgebilde, denen man mit Fakten kaum beikommen kann.

Eine große Erleichterung in Bezug auf meinen Status verschaffte mir Lorenz Köhler. Er war einer der Lehrer an meiner Schule, aber noch viel mehr als das, nämlich väterlicher Freund und fürsorglicher Förderer. Er wurde eine Art Patenonkel für mich. Lorenz übernahm Anfang 2000, kurz nach dem Beginn meines Studiums, die Bürgschaft für mich. Genauer gesagt handelte es sich um eine Verpflichtungserklärung gegenüber der Bundesrepublik Deutschland, konkret der Ausländerbehörde, für sämtliche Kosten aufzukommen, die ich verursachen würde. Die Bundesrepublik würde in keinem Fall etwas übernehmen. In der Erklärung wurde § 84 des Ausländergesetzes zitiert, wonach Lorenz Köhler sämtliche öffentliche Mittel erstatten müsste, die gegebenenfalls für mich eingesetzt würden, «für den Lebensunterhalt einschließlich der Versorgung mit Wohnraum und der Versorgung im Krankheitsfall und bei Pflegebedürftigkeit ... (z. B. Arztbesuch, Medikamente, Krankenhausaufenthalt) ...». Und falls ich ausgewiesen würde, müsste er noch für das Flugticket aufkommen. Ebenso wenig fehlte der Hinweis, dass «die zwangsweise Beitreibung der aufgewendeten Kosten im Wege der Vollstreckung» durchgeführt werden könnte und bei falschen Angaben eine Freiheitsstrafe von bis zu drei Jahren drohte.

Lorenz verpflichtete sich also auf Gedeih und Verderb dazu, mich zu unterstützen – und zwar für fünf Jahre, so lang lief die Erklärung. Wenn ich einen großen Schaden anrichtete: Er müsste ihn bezahlen. Wenn ich mich verletzte und nicht mehr arbeiten könnte: Er müsste meine Miete und mein Essen begleichen. Lorenz, ebenso wie jeder andere, der eine solche

Pflicht übernimmt, bewies damit ein gigantisches Vertrauen in seinen Schützling. Bis an mein Lebensende werde ich das nicht vergessen oder für selbstverständlich halten. Zumal er auch Familie hatte, die im Fall der Fälle natürlich ebenfalls betroffen gewesen wäre. Ohne Lorenz hätte ich nicht das Studium aufnehmen können. Ich hätte die Prüfungen nicht geschafft, wäre nicht Arzt geworden, und vielleicht wäre ich nicht mehr in Deutschland. Jeder braucht einen solchen Paten, nicht nur in finanzieller Hinsicht.

# 15.
# Frau Schulze lernt Farbe

Den Übergang vom Schüler- zum Studentendasein fand ich aufregend und einigermaßen schwierig zugleich. Ich war das erste Mal richtig weg aus Hamburg und ganz auf mich allein gestellt. Den ganzen Papierkram musste ich selbstständig bewältigen, alles allein entscheiden, Termine einhalten oder sie überhaupt erst mal herausfinden. Ich musste mich um alles selbst kümmern, was bis dahin einfach mitlief oder eine Struktur hatte, die schon immer vorhanden war. Viele Informationen ergaben sich ausschließlich durch Mund-zu-Mund-Propaganda. Ein Vorteil bestand aber darin, dass Lübeck eine relativ kleine Uni war, so blieb das meiste relativ übersichtlich. Ich glaube, in München oder Berlin wäre ich untergegangen.

Die Stadt hatte damals wie heute rund 200 000 Einwohner, sie wirkte gemütlich. Natürlich lebten hier «Ausländer» oder Menschen mit dunklerer Hautfarbe, auch aufgrund der Studierenden. Aber kein Vergleich mit Hamburg oder auch Frankfurt, wo mittlerweile mehr als die Hälfte der Bevölkerung nicht deutscher Staatsangehörigkeit ist oder Migrationshintergrund hat. So wunderten sich die meisten Lübecker wohl, wenn jemand Deutsch sprach, aber nicht weiß war. Auch Frau Schulze wunderte sich. Frau Schulze war meine erste Vermieterin in Lübeck.

Wir hatten uns telefonisch verabredet, und ich erschien pünktlich zur Besichtigung eines der WG-Zimmer, die sie anbot. Als sie die Haustür öffnete und mich sah, war sie vollkommen überrascht. «Wer sind Sie?» «Na, wir haben doch gerade telefoniert, dass ich wegen des Zimmers vorbeikommen solle.» «Wie? Mit *Ihnen* habe ich telefoniert?» Sie geriet ein wenig ins Stottern, und es war ihr sichtlich peinlich, dass sie nicht mit einem farbigen Bewerber gerechnet hatte. Ich hatte mich am Telefon natürlich mit meinem Namen gemeldet, aber vielleicht hatte sie nicht richtig darauf geachtet, oder ich hatte mich nur mit meinem Vornamen vorgestellt, sodass sie nicht darüber stolperte. Möglicherweise hatte sie sich auch darauf konzentriert, dass ich ein Medizinstudent sei. Es ging um ein Zimmer in einer Wohnung über ihrer eigenen. Jedes Zimmer wurde einzeln vermietet, es handelte sich also um eine WG, in der sich allerdings die Zimmergenossen nicht selbst füreinander entschieden, sondern für die Frau Schulze die Auswahl traf. 150 Mark sollte es kosten. Mehr hätte ich mir absolut nicht leisten können.

Wir standen einander gegenüber, die alte Dame und ich, und sie war ziemlich irritiert. Das war viel mehr an ihrer Mimik und ihrem Verhalten abzulesen als an dem, was sie tatsächlich sagte. Ich glaube, sie hätte mich nicht zur Besichtigung bestellt, wenn sie bei der Kontaktaufnahme meine Hautfarbe gesehen hätte. Sie sah mich an, skeptisch, kritisch, zurückhaltend, und ihre ganze Haltung verströmte die Frage: «Was wollen Sie eigentlich hier?» Vielleicht ärgerte sie sich auch, schließlich hatte sie sich selbst in die Bredouille gebracht. Inwiefern, möchte man doch am liebsten fragen? Mehrere Antworten sind möglich: Sie brachte die deutsche Sprache nicht mit einem dunkelhäutigen Menschen in Verbindung. Oder sie dachte, dass ein Medizinstudent weiß ist. Oder beides. Auf jeden Fall wirkte sie überfordert, weil ich nicht ihrem Bild entsprach.

Ich machte, was ich immer in solchen Situationen mache: Ich lache, strahle mein Gegenüber an, spreche mit ihm. Frau Schulze reagierte erst mal nicht darauf. Sie stand in der nur knapp geöffneten Haustür und stotterte herum. In diesem Moment wurde mir erst richtig klar, dass sie ein Problem hatte. Sie hatte ein Fremdheitsgefühl und wusste nicht, was sie jetzt tun sollte. Offenbar widerstrebte ihr der Gedanke, einen schwarzen jungen Mann ins Haus zu lassen. Ich sah ihr an, dass sie nach einem Ausweg suchte, um mir das Zimmer nicht zeigen zu müssen. Sie wollte mich nicht als Mieter.

Aber: Sie war eine höfliche Frau. Das war sozusagen ihr Handicap. Andere mit denselben Gedanken hätten vielleicht gleich gesagt, dass sie sich's anders überlegt hätten, und mich zum Gehen aufgefordert. Ihre Höflichkeit hinderte sie daran, und schließlich biss sie in den sauren Apfel. «Na gut, dann kommen Sie mal mit.»

Sie zeigte mir das winzige möblierte Zimmer in der ersten Etage, gerade mal 9 Quadratmeter groß. Man konnte sich nur halbwegs frei bewegen, wenn das Schlafsofa zusammengeschoben war. Ich blieb bei meiner Strategie, plauderte mit ihr, und nach einer kleinen Weile fing sie an, sich zu entspannen. Sie wollte wissen, woher ich komme, was meine Eltern machen, wieso ich nicht mehr in Sri Lanka lebte, und vieles mehr. Ich erzählte ihr alles freimütig, warum auch nicht. Im Gegenzug erkundigte ich mich nach ihrem Leben. Gab es einen Herrn Schulze (ja), vielleicht auch Kinder (ja), wie lange wohnte sie schon in dem Haus, woher stammte ihre Familie und was ich sonst noch interessant fand. Am Ende der

Besichtigung hatte sie ihre Distanz mir gegenüber merklich abgebaut. Ich sagte, dass ich das Zimmer gern mieten würde. Sie wollte mich anrufen und mir Bescheid geben, wenn sie mit den anderen Interessenten gesprochen habe.

Ich war mir nicht sicher, wie es ausgehen würde. Sie war am Schluss zwar deutlich zugänglicher gewesen als zu Beginn, aber was das letztlich bedeutete, war unklar. Doch schon am nächsten Tag rief sie an und teilte mir mit, dass ich das Zimmer haben könne. Ich glaube, damit ist sie über ihren Schatten gesprungen. Für ihre Verhältnisse war sie regelrecht «tapfer». Als ich eine Woche später einzog, öffnete sie mir ganz unbefangen die Tür. Sie war mit sich im Reinen und empfand offenbar nie mehr etwas Negatives mir gegenüber. Wir behielten immer einen kleinen Abstand bei, allein schon wegen des Altersunterschieds, und eine sehr strenge Person war sie außerdem. Doch wenn Herr Schulze krank war, half ich ihr. Oder wenn seine Haare geschnitten werden mussten, erledigte ich das. Das kannte ich noch von der Flucht, in Afrika haben wir uns immer gegenseitig die Haare geschnitten.

Ich war der erste Farbige, der in das Haus einzog. Ich war sogar der erste Farbige überhaupt in dieser Siedlung von akkuraten, eher bescheidenen Ein- und Zweifamilienhäusern. Wahrscheinlich wohnten gar keine Ausländer dort, nicht mal hellhäutige. Fuhr die Polizei Streife, dann drosselten die Beamten das Tempo, wenn sie mich sahen, und guckten ein bisschen genauer hin. Aber nie haben sie irgendetwas von mir gewollt. Wenn man es recht betrachtet, leistete Frau Schulze in ihrem Umfeld Pionierarbeit.

Frau Schulze ist ein gutes Beispiel für meine These, dass die meisten Menschen keine hartgesottenen Rassisten sind. Ich meine, sie stecken in ihren Gewohnheiten fest, man kann auch sagen in ihren Vorurteilsmustern. Dahinter verbirgt sich meiner Ansicht nach weder ein System noch ein ideologisch festgefügtes Weltbild. Es sind eher Bilder ohne Körper, ohne Konkretion. Es geht nur um das Schwarze und irgendwelche, meist unklaren Verknüpfungen von Schmutz, Gefahr, Fremdheit oder Ähnlichem. Hätte Frau Schulze nicht den «Fehler» gemacht und meinen Namen am Telefon überhört, wären wir uns wohl nie begegnet. Aber so hatten wir beide Glück. Ich bekam ein Zimmer, und sie machte eine neue Erfahrung: Farbige sind auch nett. Wir haben beide dazu beigetragen, dass aus ihrer anfänglichen Irritation etwas Schönes wurde. Ich reagierte nicht gekränkt oder gar aggressiv auf ihr Verhalten, und sie war in der Lage, ihrem Gefühl zu vertrauen. Trotz meiner Hautfarbe. Sie hat den Menschen in mir gesehen und sich für mich entschieden.

Es gibt viele Frau Schulzes. Ich wünschte, es wären noch mehr. Noch viel mehr Menschen, die sich die Freiheit nähmen und von ihren Vorurteilen trennten. Die die Chance ergriffen, einem Fremden zu begegnen und ihn als ihresgleichen zu erkennen. Dann wäre unendlich viel gewonnen.

# 16.
## In neuen Kreisen

Die meisten Medizinstudenten in Lübeck stammten aus wohlhabenden Elternhäusern, die dem Nachwuchs problemlos ein Studium finanzieren konnten. Ich kam zum ersten Mal in meinem Leben mit Kreisen in Berührung, in denen Geld kein Thema war. Viele meiner Kommilitonen waren Kinder von Akademikern, Ärzten, Juristen oder anderen Gutverdienern. Deren Kinder mussten nicht arbeiten und konnten daher viel mehr Zeit in das Lernen investieren. Einen gemeinsamen Nenner hatten wir im Grunde nicht. Uns verband nur, dass wir dasselbe Fach studierten. Aus vielem anderen war ich ausgeschlossen, nicht unbedingt aus böser Absicht, sondern weil ich einfach nicht mithalten konnte. An Gesprächen über bestimmte sportliche Aktivitäten wie Tennis, Skifahren oder Golf und Urlaubsreisen nach Mallorca, Australien und Amerika konnte ich mich nicht beteiligen. Manchmal verabredeten sich meine Kommilitonen im Restaurant. Das kam für mich nicht infrage, für einen solchen Abend hätte ich etliche Stunden arbeiten müssen. Ich schwindelte dann, ich sei verabredet oder wolle lernen. In Wahrheit schämte ich mich, zuzugeben, dass ich kein Geld für Restaurantbesuche hatte. An sich war das ja nicht schlimm, ich fand es aber trotzdem peinlich. Auch wenn man sich bei jemandem zu Hause traf, um gemeinsam zu kochen, lehnte ich Einladungen dazu dankend ab. Ich hätte mich nicht auf dieselbe Weise revanchieren können und wollte unbedingt vermeiden, dass sie mich für einen Schnorrer hielten, der nur dann zusagte, wenn es nichts kostete.

Wenn Geld für die anderen kein Thema war: Für mich war es geradezu beherrschend. Das Allerwichtigste war, dass ich den Überblick über meine finanziellen Verhältnisse behielt. Es durfte auf keinen Fall etwas schiefgehen, denn ich hatte keinerlei Reserven. Jede Ausgabe musste genau überlegt werden. Schon der Kauf eines Terminkalenders beispielsweise wäre eine Belastung gewesen. Ich bastelte mir also selbst einen, indem ich DIN-A4-Blätter in Streifen schnitt, oben den Monatsnamen draufschrieb und dann die Zeilen für die Tage zog. Jede Einnahme und jede Ausgabe verzeichnete ich gewissenhaft. Ich wusste immer ganz genau, wie viel Geld ich hatte und wie viel Monat noch übrig war.

Meine Arbeitszeiten notierte ich dort ebenfalls, wenn ich etwa bei McDonald's im Einsatz war, als Komparse, für eine Optikerkette mit Brille und Werbeschild vor der Brust, als Studienassistent oder für irgendeinen anderen Job, den ich eben ergattern konnte. Für höherwertige und besser bezahlte Arbeiten benötigte ich eine Arbeitsgenehmigung, was jedes Mal einen Riesenaufwand an Bürokratie für den potenziellen Arbeitgeber bedeutete. Er musste etliche Formulare ausfüllen, dann auf den Bescheid aus dem Arbeitsamt warten. Es musste nämlich geprüft werden, ob nicht ein Deutscher gern diese Aufgaben übernähme oder eine Person mit einem Arbeitsvisum. Diese Bewerber hatten Vorrang. Meldete sich keiner, dann konnte ich endlich anfangen zu arbeiten. Welcher Arbeitgeber tut sich so ein Gedöns schon gerne an? Für einen Auftrag, der vielleicht über vier, fünf Tage läuft, einen derartigen Aufwand zu betreiben – da sträuben sich jedem Unternehmer die Nackenhaare. Und man selbst verliert auch die Motivation, sich immer wieder zu bewerben, wenn den Job dann doch ein anderer mit besserem oder auch einfacherem Status erhält. Ebenso wie meine Kommilitonen aus Ghana, Kenia oder Kamerun und wie Flüchtlinge generell blieb ich daher in den schlecht bezahlten Jobs wie Tellerwaschen oder Putzen hängen. Und desto mehr Stunden musste ich arbeiten, um meinen Lebensunterhalt zusammenzubekommen.

Die Überweisungen nach Sri Lanka erledigte ich über Western Union, und die Miete an Frau Schulze zahlte ich bar, für meine restlichen Angelegenheiten benötigte ich ein Konto. Ich hatte bereits eins bei der Hamburger Sparkasse aus meiner Zeit als Landesschulsprecher, weil Reisekosten und Ähnliches nur per Überweisung erstattet werden konnten. Für Lübeck war dieses Konto aber ein wenig unpraktisch, weil ich nur in Hamburg Geld abheben konnte. In der Uni lagen eines Tages Flyer von der Deutschen Bank herum, in denen Sonderangebote für Studenten beworben wurden, unter anderem ein kostenloses Konto. Ich ging zur nächsten Filiale und bat darum, ein Konto für mich einzurichten. Die Sachbearbeiterin eierte herum. «Warum gehen Sie denn nicht zur Stadtsparkasse in Lübeck? Das ist für Sie doch viel besser.» Ich war verwirrt. Ich fand es seltsam, dass mich eine Bank, bei der ich ein Konto eröffnen wollte, zu einem Konkurrenzunternehmen schickte. «Warum kann ich nicht bei Ihnen eröffnen?» «Na, Sie haben ja schon ein Konto bei einer Sparkasse. Ich selbst habe auch eins bei der Sparkasse. Das ist gar nicht schlecht, wirklich. Gehen Sie besser da hin.»

Auf den Punkt gebracht: Hier gibt's für Sie nichts zu holen! Da ich alle Bedingungen, die im Flyer standen, erfüllen konnte, ging es offenbar um etwas anderes – so wie die Frau herumdruckste, anscheinend um meine Hautfarbe. Das akzeptierte ich nicht. «Ich will mit dem Leiter dieser Abteilung sprechen. Bitte holen Sie ihn.» Es lief auf dasselbe hinaus wie während meiner Schulzeit, als ich das Konto bei der Sparkasse in Hamburg eröffnen wollte. Damals hatte ich schon eine Aufenthaltsgestattung, was eine Stufe besser war als eine Duldung. Die Hamburger Bankangestellte wies mich trotzdem ab: «Nein, tut mir leid, das machen wir nicht. Es ist ja gar nicht sicher, dass Sie hierbleiben.» Einerseits hatte sie recht. Andererseits könnte man auch sagen, dass ein Konto ohne Überziehungskredit ein Nullrisiko für die Bank gewesen wäre. Ich akzeptierte aber ihre Auskunft erst mal so. Scheinbar bekam man ein Konto nur mit einem sicheren Aufenthaltsstatus.

In der Schule erzählte ich meinem Mathematiklehrer, Herrn Mohrer, davon. Er wurde gleich sauer: «Aber du bist doch schon so lange hier, du machst doch bei uns Abitur. Was soll das? Welche Sparkasse war das?» Ich sagte es ihm, und er verließ mitten im Unterricht die Klasse, ging ins Lehrerzimmer und rief den Filialleiter der Sparkasse an. Was er mit ihm genau besprach, weiß ich natürlich nicht, aber ich stelle es mir so vor: «Mein Schüler war bei Ihnen, er ist Schulsprecher an meiner Schule, außerdem Landesschulsprecher und macht Abi, und zwar ein gutes. Und für den wollen Sie kein Konto eröffnen?» Als er zurück in die Klasse kam, wies er mich an: «Umes, du gehst morgen zum Filialleiter, den Namen habe ich dir hier aufgeschrieben. Du bekommst ein Konto.» Es musste also ein Deutscher anrufen, damit es klappte.

Nun stand ich wieder vor jemandem, der für mich kein Konto eröffnen wollte, und zwar offensichtlich nur, weil ich schwarz war. An meinem Status als Student lag es nicht, ich gehörte damit ja genau zur Zielgruppe. Es war die Wiederholung von damals in Hamburg, allerdings auf anderem Niveau. Jetzt hatte ich keinen Herrn Mohrer hinter mir, sondern musste die Sache selbst regeln. Als der Abteilungsleiter kam, beharrte ich auf meinem Standpunkt: «Ich habe einen Flyer bekommen, dass Studenten hier ein Konto eröffnen können. Ich als Medizinstudent der Universität Lübeck will genau das machen. Warum wird mir gesagt, ich solle zur Sparkasse gehen? Gibt es Gründe, warum ich nicht bei der Deutschen Bank sein sollte?» Auch er eierte herum: «Meine Kollegin hat es nur gut gemeint. Die Sparkasse ist eine gute Adresse. Wir hier haben überwiegend Kunden, die bereits berufstätig sind.» Jetzt wurde ich richtig ärgerlich: «Wenn Sie Berufstätige wollen, sollten Sie nicht Werbung bei Studierenden machen. Sagen Sie mir jetzt bitte klipp und klar, wieso das hier nicht funktioniert.» Es wand sich wie ein Aal, und schließlich gab er nach: «Na gut, wenn Sie unbedingt wollen.»

Die Formalitäten erledigte er selbst, innerhalb von einer Stunde war alles klar. Ich löste bald mein Konto in Hamburg auf und überwies die noch vorhandenen 23 Mark oder wie viel es eben war nach Lübeck.

Das ganze Prozedere war eine deutliche Zurückweisung. Die einfache Gleichung lautete: weiß = Konto, schwarz = kein Konto. Menschen, die nicht in der Lage sind, sich klar auszudrücken und selbstbewusst zu verteidigen, hätten keine Chance gehabt und die Filiale wohl unverrichteter Dinge verlassen. Zwei Jahre früher hätte ich das wahrscheinlich auch so gemacht. Aber nun war ich weiter. Außerdem hatte ich nichts zu verlieren. Doch wenn ich daran denke, von welchem Kaliber eine Frau Schulze im Vergleich mit diesen Bankleuten war, dann werde ich sowohl traurig als auch stocksauer. Und im

Zweifel ging sie als Vermieterin sogar ein höheres Risiko ein als der Abteilungsleiter dieser Großbankfiliale.

Mein Essensetat für einen Monat betrug 100 Mark, also pro Tag 3 Mark. Ich teilte alles genau ein: vier Scheiben Toast von Aldi für morgens, meistens mit Marmelade, das war billiger als Käse. Eine Packung Spaghetti mit Sauce für 99 Pfennig oder maximal 1,20 Mark konnte ich auf zwei Mahlzeiten strecken. Wenn es irgendwie ging, radelte ich mittags nach Hause und machte mir etwas warm. Diese Selbstversorgung war deutlich günstiger als die Mensa, in der ich für eine Mahlzeit 3,50 Mark bezahlen musste. Abends gab es wieder Toast oder ein anderes billiges Brot, belegt mit preiswertem Scheibenkäse. Damals begann ich überhaupt erst, regelmäßig Brot zu essen. Bei meinem Onkel hatte es immer sri-lankisches Essen gegeben, das ich sehr mochte. Aber ein deutsches Abendbrot, das rechnete sich einfach deutlich besser. Zum Glück trinke ich keinen Alkohol, das spart viel Geld.

Der Waschsalon war teuer, meine Wäsche erledigte ich daher mit der Hand. Es machte mir nichts aus. Wäsche einweichen, rubbeln, auswringen, aufhängen – das kannte ich noch aus Sri Lanka und auch von der Flucht. Zusammengefasst: Finanziell stand alles Spitz auf Knopf, aber ich kam zurecht.

Anders verhielt es sich mit dem Studium selbst. Es fiel mir schwer, sehr schwer sogar. Ich verstand den Stoff einfach nicht, zumindest nicht auf Anhieb. Die Texte, mit denen wir uns in der Schule beschäftigt hatten, waren nicht übermäßig schwierig gewesen. Aber jetzt, an der Uni, gab es eigentlich nur noch komplexe Texte. Auch wenn ich eine 1 in der mündlichen Abi-Prüfung in Deutsch hatte: Ausführungen zur makroskopischen Anatomie des Bewegungsapparats oder Erkenntnisse der medizinpsychologischen Forschung in der Rehabilitation waren eine vollkommen andere Liga. Ich las die Wörter, aber hatte keinen Schimmer, was sie bedeuten sollten. Größere Zusammenhänge erschlossen sich mir erst recht nicht. Die Studierenden, die einen Gymnasialabschluss hatten, insbesondere diejenigen, die aus Süddeutschland kamen, bewegten sich auf einem vollkommen anderen intellektuellen Niveau. Sie durchdrangen auch schwierigere Stoffe viel leichter.

Es kamen zwei Dinge zusammen: Zum einen hatte ich nicht genügend Zeit zum Lernen, weil ich mir das Studium und meinen Lebensunterhalt selbst finanzieren musste, zum anderen fehlte mir einfach eine gewisse Vorbildung. Ich war der erste Student in Lübeck, der in Psychiatrie durchfiel, eigentlich eine Unmöglichkeit, aber mir gelang sie. Mir erschienen die Texte so verquast, dass ich mich einfach nicht durchbohren konnte. Erst im dritten Anlauf klappte es.

Ebenfalls zeitaufwendig, aber trotzdem lohnend war die politische Arbeit. Gleich nach Beginn des Studiums hatte ich bemerkt, dass die Fachschaft Medizin quasi nur pro forma existierte. Die angehenden Mediziner waren politisch nicht aktiv. Ich verstand das nicht. Dass man einfach so seine Gestaltungsmöglichkeiten preisgab, fand ich verrückt. Es war doch wichtig, dass wir bei der Besetzung von Professuren und bei der praktischen Gestaltung des Studiums unsere Ansichten einbrachten. Für die Fachschaftswahlen in meinem ersten Jahr gab es zunächst keine Bewerbungen seitens der Mediziner. An dem Tag, an dem die Bewerbungsfrist ablief, konnte man bis 17 Uhr seine Kandidatur einreichen, doch es gab keinen einzigen Kandidaten aus unserem Fach. Was tun? Ich packte einen Stoß Bewerbungszettel, rannte herum und bequatschte Leute, die ich für geeignet hielt. Sogar in den Präparationssaal lief ich und warb um Kandidaten. Schließlich hatte ich zehn Leute zusammen, gab die Liste ab und von da an hatten wir eine ernst zu nehmende Fachschaft Medizin.

Ich selbst war über Jahre in diversen Gremien tätig. Unter anderem saß ich als studentischer Vertreter in den Berufungsausschüssen. Wenn es mir notwendig erschien, stand ich auf und erhob meine Stimme und plädierte für einen bestimmten Kandidaten. Mein Einsatz wurde von den Professoren anerkannt, das spürte ich deutlich. Ich war davon überzeugt, dass politisches Engagement nötig ist, aber zusätzlich genoss ich einen Nebeneffekt: Ich lernte über diese Arbeit unglaublich viele Leute kennen. Sie erweiterten meinen Horizont und verwickelten mich in spannende Diskussionen. Darüber hinaus blieb bei all dem Arbeiten und Lernen und Politikmachen zum Glück immer noch Zeit, sich gemeinsam dem Vergnügen zu widmen. Heute ist mir ein Rätsel, wie ich das alles geschafft habe, aber wenn man jung ist, scheint man über unerschöpfliche Kräfte zu verfügen. In der ersten Zeit fuhr ich am Wochenende üblicherweise zum Arbeiten nach Hamburg, aber auch einmal im Monat zum Feiern. Die Fahrkarte war teuer, doch mit einer Mitfahrgelegenheit hielten sich die Kosten in Grenzen. In Lübeck gab es natürlich ebenfalls Diskotheken, aber Hamburg war ein anderes Pflaster. Ich tanzte die Nacht durch und fuhr am nächsten Morgen mit dem ersten Zug nach Lübeck, schlief ein paar Stunden und ging dann zum Arbeiten.

Als ich später als Pflegehelfer tätig war, nahm mich Schwester Susanne oft in ihrem Golf mit nach Hamburg, und wir gingen zusammen in einen Club. Da ich streng haushalten musste, kaufte ich nie einen Drink. Wie die meisten Studenten schlürfte ich in den Toilettenräumen Wasser aus dem Hahn, um den Durst zu löschen. Manchmal erwarben wir draußen am Kiosk eine Flasche Cola, die wir irgendwo unter den Bäumen versteckten, so konnten wir uns die hohen Preise drinnen sparen. Susanne lud mich oft ein und gab mir etwas aus. Das fand ich toll, sie wusste, dass ich mich nicht revanchieren konnte, hatte aber kein Problem damit. So etwas vergesse ich nicht.

Natürlich, es gab immer wieder mal Türsteher, die unangenehm wurden und mich unverblümt abwiesen: «Du nicht. Es sind schon zu viele Schwarze drin.» Oder: «Keine Ausländer!» Obwohl gerade vor mir drei norwegische Kommilitonen durchgelassen worden waren. Aber die zählten nicht, weil weiß. Auch an blöde Bemerkungen von Dozenten erinnere ich mich: «Aus Ihnen wird nie ein Mediziner.» Oder dass die farbigen und südeuropäischen Studenten im Präparationskurs immer gemeinsam für einen Seziertisch eingeteilt wurden, zu einer Art «Ausländertisch». Ab und zu gab es Sprüche wie: «Arbeitet ihr denn zu Hause auch so?» Ich grollte darüber und dachte mir, dass wir zu Hause keine Leichen auf den Tischen hatten. Warum wir «Ausländer» immer gemeinsam einem Tisch zugeordnet wurden, erschloss sich mir nicht. Damals spekulierte ich, dass vielleicht die schlechten Sprachkenntnisse von einigen Kommilitonen der Grund seien und ich dorthin beordert wurde, um zu helfen. Aber richtig wäre gewesen, sie mit deutschen Muttersprachlern zusammenzubringen.

Einige der Dozenten jedoch kümmerten sich rührend um uns, Angelika von Keiser zum Beispiel, sie organisierte den praktischen Kurs in Biochemie. Nach den Kursen oder Vorlesungen nahm sie die ausländischen Studenten oft beiseite und erklärte ihnen die wichtigsten Sachen noch einmal, bis sie sicher war, dass jeder den Stoff verstanden hatte. Sie vermittelte uns allen ein Gefühl der Geborgenheit mit ihrer ruhigen, zuversichtlichen Haltung. Das war sehr wichtig, denn auch wenn man jung und bis zu einem gewissen Grade unbekümmert ist, nagt die Unsicherheit an einem, wenn man sich mit allem schwertut, was die anderen schnell und scheinbar mühelos erledigen. Frau von Keiser spürte das und half uns, die Lücken zu überbrücken. Sie hat sich auf diese Weise um Generationen von guten Ärzten verdient gemacht.

Zu den ausländischen Studenten, wie gesagt zur «besseren» Kategorie, gehörten die Norweger. Der norwegische Staat stattete seine Studenten mit großzügigen Stipendien aus, arbeiten mussten sie nicht. Legendär waren die Bälle, die die Norweger veranstalteten. Es waren gesellschaftliche Highlights. Ich wäre gern hingegangen, aber da der Eintritt 40 Euro kostete, schied das natürlich aus, wenn nicht ... Wenn nicht eine meiner Kommilitoninnen mir einen Gutschein geschenkt hätte: «Schau mal, Umes, den kannst du doch gut gebrauchen, oder?» Ich war selig! Später erfuhr ich, dass es gar kein Gutschein war, sondern sie mir ihre eigene Karte überlassen hatte. Noch heute bin ich von diesem ungemein einfühlsamen Verhalten begeistert. Es war eine Geste von großer Herzlichkeit, die mich für (fast) alle blöden Bemerkungen oder Rücksichtslosigkeiten der anderen entschädigte. Sogar das Problem des geeigneten Anzugs klärte sich. So eine Ausstattung befand sich natürlich nicht in meiner schmalen studentischen Garderobe, ich grübelte und überlegte hin und her, wie ich den verlangten Anzug auftreiben könnte. Ein Secondhandladen war die Rettung. Für nur 20 Euro bekam ich genau das Richtige. So stand meinem Vergnügen nichts mehr im Wege.

Manchmal denke ich, dass es irgendjemanden gibt, der immer auf mich aufpasst und mir das zukommen lässt, was ich in einem Moment wirklich ganz dringend brauche. Ich war traurig gewesen, weil ich nicht dabei sein konnte, und dann löste sich das Problem in letzter Sekunde. Es war ein herrlicher Abend, wir haben viel getanzt und uns prächtig amüsiert – ich genoss das Leben.

# 17.
# Grenzüberschreitungen

Mein Status war und blieb über lange Zeit ein großes Problem. Mein Klassenlehrer Lorenz Köhler hatte zwar die Bürgschaft übernommen, sonst hätte ich das Studium gar nicht aufnehmen können. Es lief ja immer noch mein Asylantrag. Der verhinderte jedoch, dass ich ein Studentenvisum bekam, was mir deutlich größere Freiheiten verliehen hätte, insbesondere in Bezug auf das Arbeiten. Formal gesehen hätte es sich bei einem Studentenvisum um einen Folgeantrag gehandelt, und der war mit dem Asylverfahren unvereinbar. Ein Studentenvisum war nur aus dem Ausland zu bekommen oder der Antrag dafür nur von außerhalb Deutschlands zu stellen. Mit einer Duldung in Deutschland bekommt man aber von einem anderen Land kein Einreisevisum.

Es sind diese bürokratischen, schwer zu durchdringenden Regeln, die sich zu einem Knoten verschlingen. Das eine ist immer die Bedingung für das andere. Das bekommt man aber nur, wenn man das andere schon hat. Ich glaube, diese Art der Verfahren ist ein generelles Kennzeichen von Bürokratie, nicht nur hier und heute, sondern immer und überall auf der Welt. Die verfolgten Deutschen beispielsweise, die vor den Nationalsozialisten nach Frankreich flohen, standen vor einem ähnlichen Problem: Sie durften nur arbeiten, wenn sie ein Visum hatten. Ein Visum erhielt aber nur, wer eine Arbeit nachweisen konnte. Aus dieser Zwickmühle kommt man nur raus, wenn man etwas Illegales unternimmt oder wenn einem jemand hilft.

Ich hatte Glück, ich musste nichts fälschen oder jemanden bestechen, mir halfen sogar die Behörden selbst – was nebenbei bemerkt zu den Verrücktheiten der Bürokratie gehört. Das Hamburger Ausländeramt erteilte mir einen Sonderstatus für drei Monate, eine Aufenthaltsbefugnis. Mit Duldung darf man sich nirgendwohin bewegen, mit Befugnis schon, man darf sogar ins Ausland. Das nächste Ausland von Hamburg aus gesehen ist Dänemark. Mit der dreimonatigen Aufenthaltsbefugnis bekam ich ein Visum des dänischen Konsulats. Mit diesem Besuchervisum fuhr ich nach Kopenhagen, marschierte in die deutsche Botschaft und stellte den Antrag, in Deutschland studieren zu dürfen. So konnte ich von da an als anerkannter ausländischer Student in Lübeck weitermachen. Bis zum Ende meines Studiums war ich sicher. Und das beinahe Beste war, dass ich von nun an ohne Auflagen arbeiten konnte und auch an die besseren Jobs herankam. Ich konnte mich frei bewegen, die Erxlebens in Mecklenburg-Vorpommern besuchen oder mal zum Christopher Street Day nach Berlin fahren.

Das alles war generalstabsmäßig vorbereitet worden, und zwar mit der Hilfe des Hamburger Ausländerbeauftragten. Der hatte sich schon vorab bei der deutschen Botschaft in Kopenhagen gemeldet und den Papierkram erledigt, unter anderem die Bürgschaft von Lorenz Köhler bestätigt, sodass die Botschaft keine Probleme hatte, meinen Antrag positiv zu bescheiden. Alle waren informiert, alles lief wie am Schnürchen. Meine gute Vernetzung und mein Engagement noch zu Schulzeiten waren sicher von Vorteil. Ich selbst wäre nie auf diesen Trick gekommen. Es waren die Ausländerbeauftragten, heute meist Migrationsbeauftragte genannt, die mich auf diese Möglichkeit hinwiesen. Man darf die Gesetze nicht brechen, aber es gibt sozusagen Seitentüren. Ein normaler Mensch blickt da nicht durch, der sieht die Seitentür nicht mal, um den Eintritt nach Deutschland zu schaffen. Doch die Ausländerbeauftragten zeigen darauf und sagen: Da schau, da ist sie, geh dort durch.

Natürlich wirkt es absurd, dass der deutsche Staat in Gestalt des Hamburger Senats oder einer nachgeordneten Behörde selbst Verfahren entwickelt, um eine Regel zu unterlaufen, und mir sogar noch dabei hilft, auf normalerweise nicht begehbaren Wegen zu meiner Erlaubnis zu kommen. Man kann das Irrsinn nennen. Ich erkläre es mir so, dass sich auf diese etwas verzwirbelte Art die Menschlichkeit des Systems zeigt. Auch wenn es normalerweise schwerfällt, sie zu entdecken: Irgendwo ist sie offenbar doch vorhanden.

Ein Risiko bestand allerdings. Sobald ich Deutschlands Grenze überschritt, erlosch meine deutsche Akte. Weil man während der Duldung das Land nicht verlassen darf. Zum Glück hatte ich die Aufenthaltsbefugnis und das Visum aus Dänemark. Es ging alles gut. Ich bekam eine neue Akte, eine bessere.

Einer der größten Vorteile meines neuen Status war die mit dem Studentenvisum verbundene Arbeitserlaubnis. Das heißt, weder potenzielle Arbeitgeber noch ich selbst mussten die langwierigen Genehmigungsverfahren durchlaufen, wenn es um einen Job für mich ging. Das war ein Riesenfortschritt. Nun konnte ich nämlich als Pflegehelfer arbeiten, für 8,20 Euro die Stunde. Ich war über zwei oder drei Ecken an diesen Job gekommen. Das Deutsche Rote Kreuz suchte Medizinstudenten, die in Krankenhäusern Sitzwachen hielten, also nach Operationen bei Patienten saßen, die aufgrund ihrer Demenz oder anderer Einschränkungen nicht allein gelassen werden konnten. Das machte ich ab und zu, aber ich wurde auch als Pflegehelfer eingesetzt, auf den verschiedensten Stationen. Eines Tages war ich zum Spätdienst in der Herzchirurgie eingeteilt. Eine einzige Katastrophe! Das gefiel mir überhaupt nicht. Zu hektisch, viel mehr Stress als auf den anderen Stationen, jede Menge Geräte, alles kompliziert. Eine Woche später traf ich zufällig einen der Pfleger im Supermarkt. Der sprach mich an: «Du warst doch kürzlich bei uns auf der Station. Hast du nicht Lust auf einen festen Job? Wir brauchen einen Studenten, der regelmäßig kommt.» Obwohl ich mir nach meiner ersten Erfahrung in der Herzchirurgie vorgenommen hatte «nie wieder», war ich überaus angetan. Ein fester Job war Gold wert: bessere Bezahlung, bessere Planung, einfach alles besser. Ich bewarb mich also offiziell und arbeitete dann sechs Jahre lang dort als Pflegehelfer.

Es war eine der besten Entscheidungen meines Lebens. Ich habe unendlich viel dort gelernt. Die Entscheidung, selbst Herzchirurg zu werden, fiel auf dieser Station. Durch meine Arbeit kam ich in Kontakt mit vielen Ärzten, ich durfte gelegentlich bei den Operationen zuschauen und meine Famulatur, also das Praktikum, dort absolvieren. Auch mein Wunschtertial, das sind die 16 Wochen auf einer Station eigener Wahl, die man im Praktischen Jahr (PJ) durchläuft, konnte ich dort absolvieren. Es war großartig: Von Montag bis Freitag war ich als Student im PJ auf der Station, Samstag und Sonntag als Pflegehelfer. Mittwochs konnte ich außerdem noch einen Spätdienst als Pflegehelfer an meinen Dienst als PJler anhängen. Ich war fast die ganze Zeit dort und lernte so viel wie nie zuvor. Nicht nur rein medizinische Dinge, sondern natürlich auch die Abläufe, wie die Zusammenarbeit der Ärzte, Schwestern und Pfleger funktioniert, worauf man bei Patienten über die rein medizinische Versorgung hinaus achten muss und vieles mehr. Ich war selig!

Das Herz fasziniert mich, schon allein wegen seiner Schönheit und Form. Es ist so ein starkes Organ und hält alles am Laufen. Die emotionale Komponente darf natürlich nicht vergessen werden. In unserem Kulturkreis gilt das Herz sozusagen als Zentralorgan der Gefühle, sicher auch der Seele. Schäden oder Eingriffe am Herzen haben daher eine besondere Bedeutung, in erster Linie für den Patienten, aber letztlich auch für uns Ärzte, selbst wenn wir über viel Routine verfügen. Wenn ich daran denke, dass ich letztlich einer zufälligen Begegnung im Supermarkt meinen Traumberuf verdanke – ist das nicht verrückt?

# 18.
# Geprüft

Im Durchschnitt studiert man sechs Jahre Medizin. Ich brauchte zwei Jahre mehr. Wenn ich meine Ausgangsvoraussetzungen betrachte, bin ich froh, dass es *nur* zwei Jahre mehr waren. Aus heutiger Sicht ist ganz klar, dass das eine meiner Handicaps das viele Arbeiten war. Ich war neunzig bis hundert Stunden im Monat mit anderen Dingen beschäftigt als mit dem Studieren. Das frisst nicht nur Zeit, sondern kostet auch Kraft. Das andere Handicap bestand darin, dass ich einfach keine Ahnung davon hatte, *wie* man studiert. Ich kam aus einer anderen Kultur, hatte erst spät Deutsch gelernt und war auf einer Schule gewesen, in der nicht die Elitenbildung im Vordergrund stand, sondern die Schaffung eines Fundaments von Wissen. Meine Schule leistete Enormes für die Integration von Kindern verschiedener Nationen und half ihnen, ihren Weg zu finden. Aber es ist etwas anderes, wenn Kinder in einer halbwegs homogenen Umgebung und mit fördernden Eltern aufwachsen. Wer nicht erst die Sprache erwerben und das kulturelle Gewebe verstehen muss, startet schon mit einem unglaublichen Vorsprung. Ich sage das nicht, um davon abzulenken, dass ich selbst verantwortlich für ausbleibende Fortschritte war. Ich möchte nur Verständnis dafür wecken, dass ein erfolgreiches Studium mehr braucht, als selbst die engagiertesten Schulen bieten können.

Um zum Physikum – heute erstes Staatsexamen – zugelassen zu werden, benötigte man bestimmte Scheine. Da ich die nicht alle in der vorgesehenen Zeit erwarb, trat ich nicht wie üblich nach zwei Jahren zum Physikum an, sondern erst nach drei. Ich erkannte den Ernst der Lage nicht, arbeitete weiter in meinen Jobs und – fiel durch. Ich muss zugeben, dass ich mich unklug verhalten hatte. Nur weil ich endlich alle Scheine beisammenhatte, meldete ich mich zur Prüfung an. Dass die keine Formsache war, sondern wieder erhöhten Einsatz erforderte, machte ich mir nicht klar. Es ist eine zentrale Prüfung, sämtliche Medizinstudenten in Deutschland bekommen dieselben Aufgaben zur selben Zeit, allein bei uns in Lübeck waren es rund 200. Im Nachhinein weiß ich, dass ich mir ein Semester für die Vorbereitung hätte freinehmen müssen. Aber ich habe es nicht getan, aus Naivität, weil ich keinen Ratgeber hatte und weil ich mich nicht ernsthaft befragte, ob ich das wohl schaffen könnte.

Ich war zwar enttäuscht, dass ich nicht bestanden hatte, dachte aber noch relativ unbefangen, dass es beim nächsten Versuch mit etwas intensiverem Lernen schon klappen würde. Ich bekam den Job als Pflegehelfer und war überzeugt, dass sich das Lernen damit gut verbinden ließ. Auf die Idee, meine Stunden zu reduzieren, um mehr zu lernen, kam ich nicht. Ich glaube, ich arbeitete eher noch mehr, um Geld nach Hause zu schicken. Meine Schwester Nala heiratete, und die Hochzeit kostete eine Menge Geld.

Ich fiel auch beim zweiten Anlauf durch. Nun war ich nicht nur traurig, sondern bekam auch Angst. Verzweiflung, Zukunftsangst, Existenzangst, Enttäuschung und Wut mischten sich. Mein Leben in Deutschland hing davon ab, dass ich das Physikum bestehen würde. Nach dem dritten Fehlversuch wäre es aus. Ich könnte nicht weiterstudieren, auch nicht einfach das Fach wechseln. Mein Aufenthaltsgrund lautete «Studium der Medizin». Wenn der entfiel, war auch alles andere damit erledigt. Dazu hatte ich ja eine große Verantwortung für die Familie, meine Eltern erwarteten Unterstützung. Ich war ihre Hoffnung und kurz davor, alles zu verspielen. Es dauerte Tage, bis ich aus diesem emotionalen Loch wieder herausfand.

Dass ich Hilfe brauchte, war offensichtlich, allein würde ich es nicht schaffen. Ich wandte mich an meinen «Patenonkel», Lorenz Köhler. Das Telefonat hat sich mir ins Gedächtnis eingebrannt, es ist mir bis heute nahezu wörtlich präsent. Ich war 25, aber in der Rolle eines Kindes, das bei seinem Vater anruft, weil es Hilfe braucht. Das Kind kann nicht sagen, welche Art von Hilfe, aber der Vater versteht es auch so. Lorenz erkannte allein an meiner Stimme, dass etwas fundamental in Unordnung war. Ich versuchte, ihm die Situation zu erklären, und türmte ein Detail auf das andere, bis er mich schließlich unterbrach: «Jetzt halt mal an, Umes, wir müssen das zuerst alles sortieren.» Und dann befragte er mich detailliert. Wie viele Wochen hast du gelernt? Wann hast du dir Zeit genommen? Welche Bücher hattest du? Wann hast du wiederholt? Hat dich jemand abgefragt? Wie viele Wochen hast du dich ausschließlich auf das Lernen und die Prüfung konzentriert?

Ich musste minutiöse Angaben zu allen seinen Fragen liefern, ihm beschreiben, wie ich vorgegangen war und was mir am meisten Schwierigkeiten bereitete. Sein Fazit: «So geht es nicht. Es reicht nicht, wenn du dich nur ab und zu an deinen freien Tagen hinsetzt. Du musst dranbleiben, an einem Stück lernen. Du musst dich vor dem nächsten Versuch mindestens zwei Monate hinsetzen und nichts anderes machen, als zu lernen. Nicht an deine Eltern denken, nicht arbeiten gehen.» Mir sank das Herz. «Das schaffe ich nicht, ich muss Miete und Krankenkasse bezahlen.» Ich war ja wirklich genügsam, aber unter 400 Euro im Monat konnte ich die Ausgaben nicht drücken.

Er überlegte. «Wir machen einen Plan. Wenn die nächste Prüfung am 17. April 2004 ist, dann hörst du am 17. Februar 2004 auf zu arbeiten. Du bereitest dich nur auf die Prüfung vor, machst absolut nichts anderes mehr. Ich übernehme deine Lebenshaltungskosten für die beiden Monate und überweise dir die 800 Euro.» Er sammelte in der Schule, bei seinen Kollegen, die mich alle noch kannten, Geld ein. Sie hatten mir bereits zum Start geholfen und über tausend Mark für die Anschaffung der teuren Lehrbücher geschenkt. Nun ließ Lorenz wieder einen Topf herumgehen. «Wir müssen ihm für zwei Monate helfen. Sonst schafft er es nicht.» Es kamen tatsächlich sogar 850 Euro zusammen. Ich musste weinen, als er mir Bescheid gab. Dass diese Schule für mich viel mehr ist als nur eine Unterrichtsanstalt, liegt auf der Hand. Sie ist mir wie ein Elternhaus, das mich nie im Stich gelassen hat.

Ich hörte tatsächlich auf zu arbeiten. Zwei Monate machte ich nichts anderes, als zu lernen. Ich ging streng nach Plan vor: Diese Woche ist Biochemie dran, nächste Woche Physiologie. Wiederholen. Neues Fach. Wiederholen ... Zum ersten Mal agierte ich strategisch, um die Aufgaben zu bewältigen. Ich paukte an einem Stück. Nachts träumte ich von Organen, Knochenbezeichnungen, dem Präparationssaal und chemischen Reaktionen.

Obwohl ich dann einerseits zuversichtlich in die Prüfung ging, weil ich das Gefühl hatte, den Stoff ganz gut zu beherrschen, verspürte ich gleichzeitig einen immensen Druck. Es ging um alles oder nichts. Wenn ich die Prüfung nicht bestände, wäre es aus. Es war ein bisschen wie damals, als ich auf dem elften Stock unseres Hauses stand und kurz davor war zu springen. Ich hätte keine Chance, in Deutschland zu bleiben, wenn ich durchfiele. Was würde dann aus meiner Familie, wenn meine Unterstützung fehlte? Und der Onkel wartete noch immer auf seine 15 000 Mark, die er uns für die Schlepper geliehen hatte. Meine zweite Schwester wollte heiraten, das musste finanziert werden. Seltsamerweise dachte ich mehr an meine Familie als an mich. Ich hatte das Gefühl, dass ich meinen Pflichten nicht nachkäme, wenn ich die Prüfung nicht bestände. Ich betete viel in dieser Zeit.

Mich plagten starke Magenproblem. Auf Stress reagiere ich immer über den Bauch. Oft kommt dann noch ein starker Husten dazu, trocken und scharf, ohne dass er Erleichterung bringt. Auch bei der Prüfung quälte mich dieser starke Hustenreiz. Ich versuchte, ihn zu unterdrücken, um die anderen nicht zu stören, was mich aber zusätzlich viel Kraft kostete. Die vier Stunden der Prüfung brachte ich in totaler Verkrampfung hinter mich. Wir bekamen die Hefte mit den Prüfungsfragen und jeweils drei oder vier Antworten zur Auswahl, von denen man sich für die richtige entscheiden musste. Wir kreuzten die unserer Meinung nach passende an und übertrugen das Ergebnis auf separate Antwortbögen, die wir am Ende abgaben. Ein ziemlich praktisches Verfahren, so mussten die Dozenten keine Papiermassen mit sich herumschleppen. Und wir konnten anhand unserer Hefte schon direkt nach der Abgabe schauen, wie die Chancen standen. Auf einem Portal im Internet wurden die richtigen Antworten veröffentlicht, und man konnte einen eigenen Soll-Ist-Vergleich anstellen. Es war keine offizielle Veröffentlichung, sondern sie stammte von einer Gruppe von Ärzten und ehemaligen Medizinstudenten, die die Fragen durchgingen und die Antworten ins Netz stellten, als Service sozusagen. Das offizielle Ergebnis kam ein paar Tage später, wich aber kaum je ab.

Ich weiß noch genau, wie ich die vorab veröffentlichten Lösungen mit meinem Prüfungsheft verglich: richtig, falsch, falsch, richtig, falsch, falsch ... Automatisch zählte ich die Punkte. Meine Güte, viel zu viel falsch. Alles falsch. Die Angst stieg mit voller Wucht hoch. Ich hab's nicht geschafft. Mir wurde schlecht. Ich hatte keine Kraft mehr und war überzeugt, dass die Katastrophe eingetreten war, weil ich schon mehr als die Hälfte der Fragen abgeglichen hatte und die Punktzahl nicht reichte. Trotzdem musste ich bis zum Ende dranbleiben. Und was passierte? Im letzten Drittel holte ich so viele Punkte auf – selbst in Biochemie, was immer ein Problemfach für mich war –, dass es so aussah, als ob es reichen könnte. Wieder und wieder rechnete ich die Punkte zusammen, zählte rauf und runter. Als ich über die benötigte Mindestzahl hinaus war, brach mir der Schweiß aus, und meine Hände zitterten. Bitte noch drei oder vier Punkte als Sicherheitsreserve dazu, bitte, bitte.

Es reichte. Nach der fünften Kontrolle war ich sicher, dass ich genügend Punkte erzielt hatte. Ein unglaubliches Gefühl der Erleichterung überschwemmte mich. Ich war fix und fertig und musste mich erst mal hinlegen, keine Sekunde länger konnte ich mich auf den Beinen halten. Das ganze Adrenalin war in der Prüfung geblieben, jetzt hatte ich keinen Funken Energie mehr.

Nachdem ich mich einigermaßen erholt hatte, ging ich alles noch mal durch. Und noch mal. Dann rief ich Lorenz an. Mir fehlten die Worte, um mich zu bedanken. Ich stammelte herum und wusste nicht, wie ich meine Gefühle ausdrücken sollte. Er hatte mir ja nicht nur das Geld für zwei Monate ungestörten Lernens verschafft, sondern er hatte mein Studium insgesamt auf andere Füße gestellt, mir beigebracht, worauf es überhaupt ankam. Vorher war ich, trotz all meiner organisatorischen Fähigkeiten im Hinblick auf die Jobs, eher planlos durch das Studium gestolpert. Ich hatte zwar das Ziel vor Augen, aber nicht den Weg. Den hat Lorenz mir gezeigt. Ich erfasste diese Dimensionen vielleicht nicht gleich rational, aber gespürt habe ich sie.

Auch danach habe ich noch den ein oder anderen Schein wiederholen müssen, aber niemals mehr lag ich so massiv daneben wie bei den ersten Versuchen des Physikums. Es folgte außerdem der klinische Abschnitt, also die Praxis, das lag mir mehr. Das letzte Jahr des Studiums ist das Praktische Jahr, danach kam das letzte Staatsexamen, von uns Studierenden nur «Hammerexamen» genannt. Ich habe in der Vorbereitungsphase keinen Tag gearbeitet, nur gelernt, drei Monate lang – einem kleinen Stipendium der Heinrich-Böll-Stiftung verdankte ich, dass ich nicht arbeiten musste. Die bewährte, von Lorenz entwickelte Methode verbesserte ich noch: Ich lernte nicht allein, sondern gemeinsam mit meiner Freundin Alexia. Jeden Morgen trafen wir uns um 7 Uhr entweder in ihrer oder meiner WG (mittlerweile eine andere als die von Frau Schulze), frühstückten und begannen um 8 Uhr mit dem Pauken, jeder an einem eigenen Tisch, ein ordentliches Stück voneinander entfernt. Nach zwei Stunden gab es fünf Minuten Pause, in der wir Musik anstellten und in der Küche herumhüpften und tanzten, zum Entspannen und um den Kreislauf in Schwung zu bringen. Dann wieder zwei Stunden lernen, zum Mittagessen raus, irgendwo eine Suppe essen, zurück und wieder zwei

Stunden lernen. Eine Viertelstunde Teepause, wieder zwei Stunden lernen. Genug für einen Tag. Wir büffelten denselben Stoff, so konnten wir uns bei Unklarheiten auch gegenseitig helfen. Bevor ich am Abend ins Bett fiel, wiederholte ich noch mal, was ich am Tag gelernt hatte. Es war ein Superprogramm. Ich fühlte mich gut, mein Kopf funktionierte, ich hatte Spaß am Lernen und am Klügerwerden.

Das zweite Staatsexamen bestand ich nicht gerade mit Bravour, aber es reichte aus. Acht Jahre hatte ich für mein Medizinstudium gebraucht, eine lange Zeit. Und eine prägende. Ich glaube, dass ich im Studium «deutscher» geworden bin. Ob es nun Nationalcharakteristika gibt oder nicht: Auf jeden Fall nahm ich einige zentrale Eigenschaften an, die man gemeinhin mit «den Deutschen» verbindet, oder bildete sie zumindest stärker aus. Pünktlichkeit, Zuverlässigkeit, Fleiß – diese Klassiker gehören auf jeden Fall dazu. Es lag daran, dass ich viel mit Deutschen zusammen war, überwiegend deutsche Dozenten hatte, viele Freunde aus den verschiedenen Teilen Deutschlands, in vielen deutschen Familien verkehrte. So wuchs ich in diese Gesellschaft hinein, unbewusst, jenseits aller formaljuristischen Abläufe. Ich wurde deutsch.

# 19.
# Steine ins Wasser werfen

2006, zwei Jahre bevor ich mein Studium abschloss, veröffentlichte ich ein Buch. Ich war und bin sehr stolz darauf, so, wie man es auf ein Erstlingswerk eben sein kann. Es sollte ein Plädoyer für Toleranz werden und sowohl die Deutschen als auch die Zugewanderten zur Reflexion animieren. Den Stoff bezog ich teilweise aus dem alten Material, das ich während der Schulzeit für Mümmel-TV gesammelt hatte, und aus den Interviews für die Schülerzeitung, in denen es um Vorurteile ging. Angereichert hatte ich es mit neueren Gesprächen, zum Beispiel mit einem der Ärzte, den ich während des Praktischen Jahrs kennengelernt hatte. Er stammte aus einer türkischen Familie. Ich stellte ihm unter anderem die Frage, ob er wieder in die Türkei zurückgehen wolle. Er schaute irritiert: «Warum das denn?» «Na, du hast doch gesagt, du seist Türke.» «Nein, das ist doch mein Land hier.» «Aber bist du denn ein Deutscher?» «Nein, das auch nicht.» So ging es eine Weile hin und her, und schließlich stellte sich heraus, dass er doch die deutsche Staatsbürgerschaft besaß. Als ich ihn fragte, ob er denn für Deutschland kämpfen würde, lehnte er rundheraus ab. Pazifist war er allerdings nicht. Ich nahm diese Episode in meine Sammlung auf, weil es mich ärgert, wenn Leute zwar alle Vorteile Deutschlands genießen wollen, sich selbst aber nicht ins Zeug legen, sobald es um bestimmte Pflichten geht.

Mit Tamilen hatte ich oft ähnliche Diskussionen. Viele von ihnen waren deutsche Staatsbürger, bezeichneten aber Sri Lanka als ihr Heimat. Und nicht nur das, sie machten mir auch Vorhaltungen, dass ich mich ihrer Ansicht nach zu viel für die deutsche Gesellschaft politisch engagierte und zu wenig für die Lage der Tamilen in Sri Lanka. Sie forderten meine Solidarität, weil es doch «unser Land» sei. Es gelang mir kaum, ihnen klarzumachen, dass ich Deutschland als meine Heimat ansah und meine – auch begrenzten – Kräfte hier einsetzen wollte.

Aus diesen und vielen weiteren Episoden entwickelte ich eine Erzählung, die ich ziemlich gelungen fand. Nun ging es daran, einen Verlag für mein Werk zu finden. Um es kurz zu machen: Keiner wollte es. Ich schickte es an über zwanzig Verlage, nur Absagen. Diese «Bewerbungsphase» zog sich ewig hin, ich glaube, ein gutes Jahr. Ich konnte das Manuskript nicht gleichzeitig in mehreren kopierten Exemplaren an verschiedene Häuser schicken, weil Kopieren teuer war und ich dafür kein Geld zur Verfügung hatte. Also lag mein einziges Exemplar immer auf irgendeinem Verlagsschreibtisch herum oder war unterwegs, bis es endlich wieder bei mir landete und ich es von Neuem verschicken konnte. Es war frustrierend, aber ich ließ nicht locker. Durchhaltevermögen ist eine meiner Hauptstärken. Ich kann fünfmal hinfallen und versuche es trotzdem zum sechsten Mal.

Der letzte Verlag, an den ich es schickte, war der Konkret Literatur Verlag in Hamburg. Ich hatte ihn auf der Internetseite einer linken Buchmesse in Berlin aufgestöbert und es einfach mal versucht. Aber geantwortet hatte dieser Verlag auch nach etlichen Wochen noch nicht. Ich nahm allen Mut zusammen und rief einfach an. Die Verlegerin war selbst am Apparat und sagte gleich, nachdem sie meinen Namen verstanden hatte: «Ach, das schöne Manuskript!» Ich war wie vom Donner gerührt, ein echter Wow!-Moment. Noch niemand hatte bisher etwas zu dem Manuskript gesagt, und jetzt wurde es gleich gelobt! Wie sich im Laufe des Gesprächs herausstellte, war die Verlegerin allerdings auch nicht ganz überzeugt von der Verkäuflichkeit meiner Erzählung: «Aber wissen Sie was? Wir finden Ihre persönliche Geschichte so interessant, die Flucht und das Ankommen hier. Können Sie denn nicht dazu etwas schreiben?» Ich war überrascht, aber dachte mir, warum nicht.

Also setzte ich mich hin und schrieb, so gut ich es eben konnte, meine Geschichte auf. Ich holte aus meinen Erinnerungen alles heraus, was ging, auch die Dinge, die ich tief vergraben hatte. Aus der halbwegs sicheren Entfernung von knapp fünfzehn Jahren war ich zum ersten Mal in der Lage, mich ernsthaft und systematisch mit meinen Erlebnissen des Bürgerkriegs und der Flucht zu beschäftigen. Es war aufwühlend und befreiend zugleich. Nach einer Weile wurde mir bewusst, dass die Albträume, die mich jahrelang gequält hatten, nicht mehr wiederkehrten. Ich hatte offenbar durch das Schreiben die alten Narben so geglättet, dass sie mich nicht mehr schmerzten.

Das Manuskript war alles andere als perfekt, und der Verlag hatte eine ganze Menge damit zu tun, es halbwegs in Form zu bringen. Aber: Nur das Ergebnis zählt. Im Juni 2006 erschien «Allein auf der Flucht». Das Buch erklomm zwar nicht die Bestsellerlisten, aber es geschah etwas vielleicht noch Besseres. Die Heinrich-Böll-Stiftung organisierte über 20 Lesungen in Schulen in ganz Schleswig-Holstein. Ich war

28 Jahre alt und tingelte mit meinem Buch durch den Norden. Ein Betreuer der Stiftung war dabei. Er gab mir, vor allem am Anfang, viele Tipps: Guck nicht nur ins Buch, sondern zu den Leuten. Nimm Kontakt auf. Lies langsamer. Artikuliere deutlicher usw. Er hatte durch und durch recht, aber ich fand es nicht einfach, seine Ratschläge zu beherzigen. Auch wenn es so aussieht, als setzte man sich nur hin und läse ein paar Zeilen runter: Es ist schwierig, auf alles gleichzeitig zu achten, auf den Tonfall, die Lautstärke, den Blickkontakt und was sonst noch von Bedeutung ist.

Als meine Kommilitonen mitbekamen, dass ich ein Buch geschrieben hatte, sollte ich auch vor ihnen auftreten. Also organisierte ich eine Lesung im Hörsaal im Zentralklinikum. Es war ein Desaster, milde formuliert. So durchschlagend war meine Erfahrung mit den Schulen noch nicht, und Erwachsene sind sowieso etwas anderes als Kinder. Ich las grottenschlecht. Es muss eine Qual für die rund 250 Leute gewesen sein, etliche von ihnen Kommilitonen, aber auch ein paar Ärzte sowie Freunde aus Hamburg. Ich hatte viel zu viele Seiten ausgewählt, das Ganze zog sich elend lang hin. Zu allem Übel hatte ich nicht daran gedacht, Exemplare des Buchs mitzunehmen, die ich im Anschluss hätte verkaufen können. Ich war wirklich ein totaler Anfänger auf diesem Gebiet. Dennoch gab es viel Applaus. Vielleicht waren sie einfach froh, dass es zu Ende war.

Heute blicke ich auf weit über hundert Lesungen zurück, mit dem ersten Buch «Allein auf der Flucht», mit «Der fremde Deutsche», das 2017 erschien, und «Der verlorene Patient» von 2020. Es ist oft anstrengend, diese Veranstaltungen zusätzlich zu meinen Diensten im Krankenhaus zu bewältigen, meist sind auch lange Zugfahrten damit verbunden. Dennoch mache ich es gern, es ist mir ein Herzensanliegen, und ich bin überzeugt, dass es richtig und wichtig ist, das zu tun. Nach jeder Lesung entspinnt sich ein Gespräch, die Zuhörer und ich diskutieren, sie fragen nach, und ich erkläre, warum ich hierhergekommen bin. Mit den vielen Auftritten in Kirchengemeinden, Buchhandlungen, Bibliotheken und Vereinen oder Institutionen habe ich die Verbindung zwischen mir und den anderen gestärkt. Ich habe Verständnis für meine Situation wecken können, stellvertretend für die vieler Tausend anderer. Ich fasse diese Veranstaltungen auch als politisches Mandat auf, jenseits aller Parteifarben. Ich bin zwar SPD-Mitglied, aber das spielt hier keine Rolle. Ich spreche ebenso gern auf einer Tagung der grünennahen Heinrich-Böll-Stiftung, im Wirtschaftsrat der CDU in Bremen, bei der Bürgerstiftung in Hamburg oder auf Einladung einer FDP-Fraktion. Ich werfe kleine Steine ins Wasser und hoffe, dass sie große Kreise ziehen werden.

Was mir guttut: Ich erhalte viel Anerkennung für das, was ich geschafft habe und was ich mache. Es ist ein Geben und Nehmen. Ich vergleiche es immer mit der Situation, wenn man einen fremden Raum betritt, in dem sich eine muntere Gesellschaft befindet. Der Neuankömmling ist schüchtern, er beherrscht die Sprache nicht, hat seine Vorurteile. Es sind ja beileibe nicht nur die Alteingesessenen, die ihre vorgefassten Ansichten pflegen. Die Neuen haben genauso ihre Muster: Die Deutschen wollen uns nicht. Die sind hochnäsig und abweisend. Da hilft nur: miteinander sprechen. Die Lesungen bieten dafür einen sehr guten Raum. Sie haben meinen Blick auf die Menschen verändert. Selbst wenn heute jemand zu mir sagt: Du bist kein Deutscher, du bist ja schwarz, trifft mich das nicht mehr so sehr wie früher. Zum einen, weil ich mittlerweile abgehärtet bin, zum anderen, weil ich über die Jahre sehr, sehr viel Anerkennung erfahren habe. Und die kann mir keiner mehr wegnehmen.

Mit den Erwachsenen zu kommunizieren ist wichtig. Noch wichtiger aber ist für mich, mit den Kindern und Jugendlichen zu sprechen. Und manche überhaupt erst zum Sprechen zu bringen. Anke Burmeister, meine erste Deutschlehrerin, lud mich mehrmals ein, in meiner alten Schule vor einer neuen Generation von Kindern zu lesen. Eine Lesung im klassischen Sinne ist vor einer Integrationsklasse nicht angesagt, die Kinder verstehen ja nur wenig Deutsch. Es ist eher ein erzählendes Gespräch. Übrigens eins, das mich jedes Mal sehr berührt. Weil ich mich selbst in diesen jungen Menschen sehe. Wie sie saß ich damals mit großen Augen vor den Sensationen, die mir präsentiert wurden. Und nun schauen sie und hören, wie ich so bildhaft wie möglich von meiner Flucht und dem Ankommen in Deutschland berichte.

Ich erzähle ihnen von meiner anfänglich skeptischen Zurückhaltung gegenüber weißen Menschen und Europäern, die ich als Fremde ansah. Ich will den Kindern damit helfen, ihre Furcht vor dem Fremden abzubauen. Wir vergessen oft, dass sie als Neulinge Angst und Vorurteile haben: Die Behörde behandelt uns schlecht, weil sie uns für wertlos halten. Oder: Die Lehrer geben mir eine schlechte Note, weil sie Ausländer nicht leiden können.

Ich erzähle ihnen, wie alt ich war, als ich ankam, wie viel – besser wie wenig – ich gesprochen habe. Wie oft ich mich falsch ausgedrückt oder etwas missverstanden habe. Ich habe sehr viel aus meinen Fehlern gelernt. Auch das versuche ich den Kindern zu erklären: dass es nicht schlimm ist, wenn man Fehler macht. Wie oft habe ich mich anfangs geschämt, wenn ich Deutsch gesprochen habe. Weil meine Aussprache eine Katastrophe und meine Grammatik ein Grauen war. Ich ermutige sie, den Mund aufzumachen und zu reden, selbst wenn sie ausgelacht werden.

Wenn die Lehrerin oder der Lehrer den Kindern erläutert, dass ich Klassensprecher war, staunen sie. Das kommt im Repertoire ihrer persönlichen Möglichkeiten nicht vor. Das sortieren sie von vornherein aus, weil sie eben die Sprache nicht sprechen und sich insgesamt noch nicht sehr gewandt verhalten können. Dann erkläre ich ihnen, dass ich damals auch nicht alles verstanden habe, aber es trotzdem geklappt hat. Die Stunde ist eine regelrechte Wundertüte für sie. Die Bilder, die sie von ihrer schwierigen Situation und ihren geringen Chancen haben, brechen auf, neue entstehen. Was, du warst mal hier in dieser Klasse und jetzt bist du Arzt?! Im Krankenhaus?!! Gerade für viele Kinder aus Afghanistan, Iran und Syrien ist der Beruf des Mediziners der renommierteste, den sie sich vorstellen können, der absolute Traum. Und dann steht jemand vor ihnen, der diesen Traum realisiert hat. Also ist es auch für sie möglich. Man sieht regelrecht, wie ein Ruck durch sie fährt, wenn sie diesen Gedanken erfasst haben.

Häufig öffnen sich Kinder, die eine Flucht hinter sich haben, zum ersten Mal, nachdem ich meine Geschichte erzählt habe. Oft berichtet mir die Lehrerin oder der Lehrer hinterher, dass sie von dieser oder jener Fluchtgeschichte in ihrer Klasse gar nichts wusste. Etwa dass ein Junge unter einem Lkw hängend die Grenze von Österreich nach Deutschland passiert hat. Ich bin nicht so überrascht wie sie. Diese Kinder identifizieren sich mit mir, obwohl sie mich nicht kennen. Doch wir haben etwas gemeinsam, die Fluchtgeschichte eben oder die Hautfarbe, manchmal beides. Das flößt ihnen Vertrauen ein. Bei einer Lehrkraft wissen sie nicht: Kann ich das erzählen, oder geht sie zu den Behörden?

Auch ich dachte anfangs, dass ich meine Geschichte nicht erzählen könne. Die anderen durften doch gar nicht wissen, wo ich überall war. Man stellt den Asylantrag in dem Land der EU, in dem man angekommen ist. Also wollte ich auf keinen Fall, dass jemand etwas über meine Landung in Madrid herausfand und dass ich bei der Ankunft in Frankfurt nicht die Wahrheit gesagt hatte. So halten es die meisten dieser Kinder: besser nichts sagen, wer weiß, was sonst passiert. Für diese «sprachlosen» Kinder, die noch nicht richtig angekommen sind, ist sehr wichtig, dass sie leibhaftige positive Beispiele für eine gelungene Integration erleben können. Ich verschweige nicht, dass man sich dafür plagen muss und es Konflikte geben wird. Das verstehen die meisten schnell, Probleme sind Teil ihrer Lebenserfahrung.

Es geht aber nicht nur um die Integrationsklassen. Ich merke, dass auch in Schulen in ländlichen Regionen oder etwa in ostdeutschen Ländern mit einem geringen Anteil an Menschen mit Migrationsgeschichte meine Art der Aufklärungsarbeit nützlich ist, auch für die Alteingesessenen. Es ist gut, wenn sie «Ausländer» sehen, die es zu etwas gebracht haben, anders als die Propaganda bestimmter Parteien glauben machen will. Ich stelle mir vor, dass ein Kind, das mich in der Schule erlebt hat, beim Abendbrot besser gegenhalten kann, wenn die Eltern abfällige Wertungen über «die Ausländer» von sich geben. Zum Beispiel hat ein Kind dann die Möglichkeit, auf solche Äußerungen zu erwidern, dass nicht jeder Flüchtling ein Messerstecher sein kann, wenn es doch Herzchirurgen unter ihnen gibt. Für die einen Kinder bin ich das Identifikationsbild, für die anderen das Gegenbild.

Viele Lesungen habe ich in Franken durchgeführt, in den kleinen Städten und auch in den Dörfern. Die Zusammensetzung der Bevölkerung ist homogener als in Städten wie Frankfurt oder Ludwigshafen, man sieht relativ wenig dunkelhäutige Menschen. Manchmal warnten mich Lehrkräfte vorher, dass es schwierig werden könnte, es gebe einen relativ hohen Anteil an AfD-Wählern. Aber mit den Kindern treten nie Probleme auf. Mein Einstieg ist meistens einfach: «Ihr Lieben, stellt euch vor, ihr seid mit euren Eltern beim Einkaufen. Da seht ihr einen jungen Mann wie mich, der auch einkauft. Ihr schaut mich an, und was glaubt ihr, wo ich herkomme?» Mindestens zehn verschiedene Antworten prasseln auf mich ein: Afrika, Türkei, Amerika, Frankreich, Indien ... Manchmal habe ich Glück, und wenigstens ein Kind bietet, mit zweifelnd gerunzelter Stirn, an: «Deutschland?»

Dann erzähle ich meine Geschichte, und am Ende der Veranstaltung frage ich sie wieder: «So, ihr Lieben, jetzt geht ihr noch mal einkaufen. Und ihr seht einen jungen Mann, der so aussieht wie ich. Was glaubt ihr, woher er kommt?» Wie aus der Pistole geschossen kommt aus vielen Kehlen die Antwort: «Das kann man doch gar nicht wissen. Der kann auch ein Deutscher sein.»

## 20.
## Fremd sein

14 Jahre, 15 Jahre, 16 Jahre, 20 Jahre – so lange dauerte es, bis ich nach meiner Flucht die Mitglieder meiner Familie wiedersah. Meine Schwester Nala besuchte ich im Jahr 2004 in London, meine Mutter sah ich 2005 wieder, meinen Vater 2006, meinen Bruder Jana in New York und meine Schwester Vani in Toronto 2010. Nachdem ich Sri Lanka 1991 verlassen hatte, kam die Familie erst bei der Beerdigung meines Vaters im Mai 2014 wieder vollständig zusammen – wenn man das überhaupt so sagen kann, denn er fehlte ja. Streng genommen waren wir also seit 1991 als Familie nie mehr komplett. Ich bin heute Deutscher, die eine meiner Schwestern ist Britin, die andere Kanadierin, mein Bruder Amerikaner und meine Mutter Sri Lankerin. Es sind also fünf Nationen in der Kernfamilie vertreten, im weiteren Umkreis von Cousins und Cousinen fände man noch weitere.

Meine beiden Schwestern haben ihr jeweiliges neues Heimatland durch Heiraten mit tamilischen, eingebürgerten Männern gefunden. Mein Bruder wollte mithilfe einer Schlepperorganisation nach Kanada zu unserer Schwester. In New York wurde er von den Grenzbeamten am Flughafen festgesetzt und musste acht Monate in Haft. Dann wurde überraschend seinem Asylantrag stattgegeben, und er durfte in den USA bleiben. Ein paar Jahre später erhielt er die amerikanische Staatsangehörigkeit. Ich glaube, die unterschiedlichen Nationalitäten sind kein prinzipielles Problem für uns. Sie sind lediglich das äußere Zeichen dafür, dass die Geschichte unserer Familie durch viele Trennungserfahrungen geprägt ist. Gravierender als die Unterschiede in der Staatsangehörigkeit ist die persönliche Distanz, vielleicht kann man sagen die innere Fremdheit. Sie ist bei mir sicherlich am stärksten ausgeprägt, weil ich meine Familie schon so früh verlassen musste. Meine Geschwister sind erst als Erwachsene von zu Hause weggegangen, in einem Alter, in dem man häufig sowieso auszieht, um eine eigene Familie zu gründen.

Die Rollen innerhalb der Familie veränderten sich, nachdem ich nicht mehr da war. Meine verstorbene Schwester war die Älteste gewesen, ich war der erste Sohn. Diese beiden Positionen waren also vakant. Meine Schwester Vani rückte auf und wurde insbesondere für meinen Vater eine sehr wichtige Bezugsperson. Ihre Rolle war nicht mehr die des dritten Kindes, sondern des jetzt ältesten. Mein Bruder Jana ist sieben Jahre jünger als ich, er war noch zu klein, um meine Stelle einzunehmen. Ich war der ferne Sohn oder Bruder, für Jana nach einer gewissen Zeit nur eine schemenhafte Erinnerung. Es war sicher nicht leicht für die, die zurückblieben. Dabei hatte meine Familie großes Glück. Wenn mir auf der Flucht etwas zugestoßen wäre, ich gar umgekommen wäre, hätte alles ganz anders ausgesehen. Schuld wäre zu einem großen Thema geworden. Meine Mutter, die ja die Initiatorin dieser Aktion war, hätte sich bei meinem Vater, aber auch bei meinen Geschwistern, dafür rechtfertigen müssen. Ihrer aller Leben wäre von meinem Unglück oder meinem Tod überschattet gewesen.

Es gibt Tausende von Fluchtgeschichten, die schlecht ausgehen. Die Aufmerksamkeit der Beobachter richtet sich auf jene, die ertrinken oder erfrieren, in Kühllastern oder an irgendeinem Grenzzaun. Ihr Schicksal ist furchtbar. Doch auch das Leben der Familie, die sie zurückließen oder in deren Auftrag sie sich aufmachten, ist danach stark beschädigt, vielleicht sogar zerstört. Manchmal wissen die Daheimgebliebenen nicht, was aus den Söhnen, Töchtern oder Ehemännern geworden ist, die nach Europa aufgebrochen sind. Selbst wenn man die Toten findet, haben sie in der Regel keine Papiere bei sich. Und wenn doch: Wer macht sich die Mühe, die Hinterbliebenen zu benachrichtigen? Welche europäische Behörde versucht, die Adresse einer Familie in einem afghanischen Dorf herauszufinden und eine Nachricht zu schicken? Wer schaut sich die Listen von einem Flüchtlingslager im Libanon an?

Ich hatte ein Riesenglück, ich kam durch. Und ich konnte, wenn auch teilweise mit Schwierigkeiten, in Deutschland Fuß fassen. Durch mein Bestreben, mich hier zu integrieren, vergrößerte ich zwangsläufig den Abstand zwischen mir und meiner Familie, auch zu meinem Heimatland. Mein Onkel warf mir häufig vor, dass ich mich «nicht genügend für die tamilische Sache» engagierte. Ich nahm so gut wie nie an Demonstrationen für die Freiheitskämpfer im Norden oder die Unabhängigkeit der Tamilen teil und versuchte immer, mich so viel wie möglich außerhalb der tamilischen Community in Deutschland zu bewegen. Nicht, weil ich meine Herkunft verleugnete, sondern weil ich an meiner Zukunft arbeitete. Und die lag, wenn es nach mir ging, nun mal in Deutschland.

Kontakt zu meiner Familie zu halten war schwierig. Telefonieren war nicht möglich, weil keiner im Norden des Landes ein Telefon besaß. Das Korrespondieren war eine mühsame Angelegenheit. Ich konnte zwar Briefe per Luftpost nach Sri

Lanka schicken, aber während des Krieges wurden sie nicht mehr in den Norden befördert. Man war darauf angewiesen, dass sie irgendjemand irgendwann mitnahm. Mit ein bisschen Glück traf eine Antwort nach drei oder mehr Monaten ein, wenn ich kaum mehr wusste, was ich zuletzt an meine Eltern geschrieben hatte. Es fiel mir schwer, mein Leben und die Probleme darzustellen, die mich beschäftigten, weil ich in einer vollkommen anderen Welt lebte. Ich hätte unendlich viel an Hintergrundinformationen selbst zu den unwichtigeren Details liefern müssen, um zu erklären, warum ich etwas machte oder eben nicht. Bevor die Internettelefonie zur Verfügung stand, war ein Gespräch mit Sri Lanka wahnsinnig teuer. Deshalb telefonierten wir sehr, sehr selten, eigentlich nur, wenn ein hoher Feiertag anstand oder etwas Besonderes vorgefallen war. Ich war immer wahnsinnig aufgeregt, in der Leitung rauschte es, Gesprächsfetzen von Telefonaten aus irgendwelchen Ländern drangen wie aus einem anderen Universum durch, in unbekannten Sprachen. Wenn ich dann endlich die Stimme meiner Mutter vom anderen Ende der Welt hörte, wusste ich oft nichts zu sagen, was wichtig genug erschien, um die horrenden Kosten des Anrufs zu rechtfertigen. Ich stammelte irgendetwas Belangloses, und meine Mutter ermahnte mich, brav zu sein, dem Onkel keine Schwierigkeiten zu machen und mich in der Schule anzustrengen. Nichts Besonderes also, trotzdem war es sehr wichtig für mich, dass ich ab und zu ihre Stimme hörte.

Ich konnte es damals sicher nicht formulieren, aber emotional war mir klar, dass meine Familie und ich langsam auseinanderdrifteten. All das, was Vertrautheit herstellt, fand nicht mehr statt: keine gemeinsamen Essen, keine gemeinsamen Erlebnisse, keine gemeinsamen Streiche mit den Geschwistern, keine Streitereien mit anschließender Versöhnung. Die vielen Alltäglichkeiten fehlen, die einen Erlebnisraum schaffen, in dem sich alle ganz selbstverständlich bewegen. Kein unmerkliches Mitwachsen mit den anderen – keine Abgrenzung gegen sie. Die Erinnerungen frieren ein. Auch wenn man weiß, dass es nicht so sein kann: Man behält die anderen im Gedächtnis, so wie sie waren, als man sie zuletzt sah. Dass man Fotos aus jüngerer Zeit gesehen hat, spielt keine Rolle. Die kleinen Geschwister bleiben klein, die Eltern groß und stark.

2004 flog ich nach London, um meine Schwester zu besuchen. Es war der erste Flug nach der Flucht. Ich hatte das Geld zusammengekratzt und ein Visum für einen kurzen Aufenthalt in Großbritannien erhalten. Dafür musste ich vorher zum britischen Konsulat nach Düsseldorf, eine Odyssee, wenn man nur die langsamen, billigen Züge nehmen kann. Dort angekommen musste ich etliche Formulare ausfüllen – lange warten und hoffen, dass alles glattgehen würde.

Ich bekam das Visum, aber die Passkontrollen auf dem Flughafen waren mir trotzdem unangenehm. Vor Uniformierten fürchtete ich mich nach wie vor, die alte Angst vor Soldaten kam wieder hoch. Doch schließlich hatte ich es geschafft. Meine Schwester holte mich am Flughafen ab. Es war sehr seltsam, als ich sie nach 14 Jahren in die Arme schloss. Zurückgelassen hatte ich eine kleine, nicht besonders hübsche Achtjährige, jetzt begrüßte ich eine gut aussehende Frau, die mit einem britischen Tamilen verheiratet und sogar schon Mutter eines Kindes war. Die drei lebten in einem kleinen Häuschen in dem östlichen Stadtteil East Ham in Greater London. Wir hatten natürlich über die Jahre immer wieder miteinander telefoniert, und mir war bewusst, dass sie nicht mehr wie damals sein konnte. Dennoch war es ein Schock, eine erwachsene

Frau zu treffen, die meine kleine Schwester sein sollte. Vieles, was ich von ihr als Kind in Erinnerung hatte, fand ich nicht wieder. Früher war sie schüchtern, versteckte sich gern hinter dem Rücken meiner Mutter, wenn Besuch kam. Jetzt war sie eine aktive, energische junge Frau mit starker Präsenz, sehr redegewandt, sehr tüchtig – ein ganz anderer Mensch. Und sie kochte fabelhaft! Alle meine Lieblingsgerichte tischte sie auf und noch ein paar extra dazu. Ich glaube, ihre Fürsorge war so etwas wie ein nachholender Liebesbeweis. Sie trat auf wie eine Mutter, die sich um ihr verloren geglaubtes Kindchen kümmerte.

Stundenlang hockten wir beieinander und erzählten. Sie fragte mich alles Mögliche, wie groß meine Angst gewesen sei, ob der Onkel und die Tante mich anständig behandelt hätten, ob ich Freunde hätte, wie es mit dem Studium lief und dies und das und jenes. Wir mussten viel nachholen. Sie beschrieb mir die seltsame Situation, als ich von einem Tag auf den anderen verschwand. Dass ich ins Ausland sollte, wussten meine Geschwister nicht, das sollte aus Sicherheitsgründen geheim bleiben. Zudem war ja auch meine Mutter weg. Die Kleinen konnten sich das nicht erklären, es war wie ein großes Loch, das sich plötzlich auftat. Meine Großmutter kochte für alle, während mein Vater arbeitete, aber natürlich vermissten sie mich und meine Mutter. Sie war einmal kurz zu Hause, um erforderliche Papiere zu holen. Doch endgültig kehrte sie erst nach neun Monaten zurück, nachdem ich sie aus Hamburg anrief und ihr sagte, dass ich es geschafft hätte. Für kleine Kinder sind neun Monate eine Ewigkeit – und es wusste ja im Vorhinein niemand, wie lange es wirklich dauern, wann meine Flucht tatsächlich zu Ende sein würde.

Ein bisher ungeklärtes Problem in London musste gelöst

werden. Mein Schwager hatte die Mitgift meiner Schwester noch nicht bekommen, zwei Jahre nach der Hochzeit. Für Tamilen ist das eine gravierende Angelegenheit. Dass meine Eltern, insbesondere natürlich mein Vater, diese Verpflichtung noch nicht erfüllt hatten, war ein äußerst peinliches Vorkommnis, ein großer Ehrverlust, den wir abwenden mussten. Ich sagte zu, dass wir das so schnell wie möglich regeln würden. Reine Fantasie, ich war ja noch Student und kratzte gerade mal das bisschen Geld zusammen, das ich meinen Eltern monatlich überweisen konnte. Mein Bruder in New York sprang ein. Er hatte ein wenig gespart und war wie ich der Ansicht, dass wir auf keinen Fall einen Gesichtsverlust meines Vaters zulassen dürften. Die ganze Summe konnte aber auch er nicht auf Anhieb aufbringen. Wir zahlten zwei Jahre lang ab. Das Hin und Her und die Peinlichkeit gegenüber meinem Schwager überschattete die Begegnung mit meiner Schwester.

2005 sah ich meine Mutter zum ersten Mal wieder. Sie war auf Einladung meiner Schwester nach London gereist, ich kam aus Deutschland dazu. Es war gut, dass ich nicht zuerst meine Mutter, sondern meine Schwester wiedergesehen hatte. Denn die Begegnung mit meiner Mutter war eine vollkommen andere Dimension, sehr viel aufwühlender. Mein Schicksal war in viel stärkerer Weise an sie geknüpft als an die anderen Familienmitglieder. Wir beide gingen das Wagnis der Flucht ein, sie als Initiatorin, ich als Betroffener. Ich verdanke ihr unendlich viel, sie ist die Ursache für mein gutes Leben hier – auch wenn ich es mir über weite Strecken unter Mühen und teilweise Schmerzen selbst erkämpfen musste.

Ihre Stimme war wie früher, ich erkannte sie schon, als ich das Haus meiner Schwester betrat und sie noch gar nicht sah, sondern nur sprechen hörte. Ich zitterte und war aufgeregt, meine Gefühle kann ich kaum beschreiben, es war eine seltsame Mischung aus Freude und Erleichterung. Es war, als wäre die Flucht jetzt erst wirklich zu Ende, als hätte sich der Kreis geschlossen. Sie hatte mich weggeschickt, um unser aller Wohl zu sichern, wir hatten uns unter Tränen voneinander verabschiedet – und erst nach 15 Jahren sehen wir uns wieder. Doch nach dieser langen Zeit lässt sich nicht einfach genau da anknüpfen, wo man aufgehört hat. Ich war nicht mehr das Kind, das zu seiner Mutter aufschaute und sich strecken musst, um sie zu umarmen. Ich musste mich zu ihr hinunterbeugen. Und wir waren nicht zu Hause, sondern bei meiner Schwester zu Besuch. Wir hatten schon lange kein gemeinsames Zuhause mehr. Auch wenn wir einander liebten, hatte ich nicht den Eindruck, dass wir einander so nahe waren wie früher. Meine Mutter wird es ähnlich empfunden haben. Sie schaute mir intensiv in die Augen, vielleicht um nach etwas Vertrautem zu suchen. Ich war ein anderer als damals.

2006 arrangierte meine Schwester die Reise meiner beiden Eltern nach London. Mit meiner deutschen Aufenthaltsbewilligung hätte ich zwar nach Sri Lanka fliegen dürfen, aber zum einen kostete ein Ticket 800 Euro und zum anderen war ich nicht in der Lage, auch nur daran zu denken, mich in Sri Lanka aufzuhalten. Selbst wenn meine Eltern im vergleichsweise friedlichen Colombo lebten, verband ich mit meinem Heimatland nur Krieg und Unsicherheit. Ich begann zu schwitzen, sobald ich nur daran dachte, mich dort aufzuhalten. Ich brachte es einfach nicht über mich.

Die erste Begegnung mit meinem Vater war schwieriger als die mit meiner Mutter. Ich hatte ihn zuletzt im Herbst 1990 gesehen, als der Lkw nachts vor unserem Haus hielt und er sich von mir verabschiedete. 16 Jahre später holte er mich gemeinsam mit meiner Schwester am Flughafen in London ab. Er hatte Diabetes und war in schlechter Verfassung. Als ich aus der Zollkontrolle trat und ihn erblickte, erfasste mich eine heftige Traurigkeit. Er wirkte so alt und krank, gar nicht mehr wie der stattliche Vater, das Familienoberhaupt, zu dem ich aufgeschaut hatte. Ich umarmte ihn zaghaft, er ließ es geschehen. Mich umarmen, das konnte er jedoch nicht. Väter haben vielleicht generell Schwierigkeiten mit körperlicher Nähe, wenn die Kinder groß werden. Aber ich glaube, dass es nicht nur das allein war. Ich glaube, die Distanz von 16 Jahren war so groß, dass sie uns nicht mehr ganz zueinanderkommen ließ.

Bei meiner Mutter war es etwas anders gewesen, aber auch ihre Umarmungen waren nicht so zärtlich, wie ich es mir erträumt hatte, sie hatten einen förmlichen Anstrich. Im Übrigen siezte mich mein Vater. Das ist auch auf Tamil unüblich. Die Kinder siezen ihre Eltern, aber nicht umgekehrt. Es ist ein Ausdruck des Respekts, und vielleicht wollte mein Vater mir gegenüber andeuten, dass er meine Leistung und mein Leben anerkannte. Er hatte schon damit begonnen, als ich anfing, Medizin zu studieren. Bei den wenigen Telefonaten fiel es mir nicht so auf, aber jetzt, da wir einander wieder begegneten, befremdete es mich. Vielleicht meinte er es nicht so kühl, wie ich es interpretierte. Aber sicher bin ich mir nicht. In meinem emotionalen Ausnahmezustand konnte ich manche Feinheiten wohl nicht würdigen.

Es war schön, dass ich meine Eltern wiedersehen konnte, doch es war keine Begegnung, die mich im Herzen froh machte. Ich hatte erwartet, dass ich sehr glücklich sein würde. Stattdessen fühlte ich mich fremd bei ihnen, vor allem im Umgang mit meinem Vater. Vielleicht hatte ich zu viel erwartet.

Aber wenn man über so lange Zeit eine Sehnsucht nach den früheren Orten und Menschen verspürt, gibt man sich eben der Illusion hin, dass das Wiedersehen alle Wunden heilt. Das tut es aber nicht. Es macht vielmehr auf schmerzhafte Weise deutlich, dass man in verschiedenen Welten lebt und das auch so bleiben wird. Meine Schwester, die erst vier Jahre zuvor Sri Lanka verlassen hatte, und meine Eltern hatten eine viel engere, unbefangenere Beziehung miteinander als mit mir. Sie dachten über vieles sehr ähnlich, hatten viel mehr gemeinsame Erfahrungen.

Heute ärgere ich mich darüber, dass wir in den wenigen Tagen, die wir miteinander verbrachten, auch noch in Streit gerieten. Ich hätte mich einfach mehr zurückhalten müssen. Aber meine Eltern äußerten Ansichten, die mich auf die Palme brachten, etwa über das Kastenwesen, dessen Sinnhaftigkeit sie in keinem Moment hinterfragten. Darauf reagiere ich allergisch. Wir sind Tamilen, gehören zur Minderheit auf Sri Lanka und wurden jahrzehntelang unterdrückt, im Grunde bis heute. Ein Tamile hat es viel schwerer als ein Singhalese, Beamter zu werden. An den Universitäten werden nicht die Besten aufgenommen, sondern nach einer gewissen Quote mehr Singhalesen als Tamilen. Darüber beschweren wir uns – und dennoch halten wir das Kastenwesen für richtig und behandeln die Menschen aus den unteren Kasten schlechter? Das passt doch nicht zusammen. Worin besteht denn der Unterschied zwischen uns und den Singhalesen in der Regierung, die uns als Menschen zweiter Klasse behandeln? Wir erwarten Toleranz und Anerkennung von anderen, sind selbst aber nicht bereit, uns genauso zu verhalten. Dass die Überwindung der Kastenschranken etwas Positives sein könnte, war für meine Eltern jedoch nicht vorstellbar. Oder dass der

Ehemann heutzutage keine Mitgift seiner Frau mehr erwarten sollte.

Es war dumm, dass ich mich mit meinem Vater stritt. Hätte ich geahnt, dass diese erste Begegnung nach 16 Jahren auch die letzte war, hätte ich mich vielleicht zurückgehalten. Doch eigentlich suchte ich keinen Streit, sondern bemühte mich, zwischen der deutschen und der sri-lankischen oder tamilischen Kultur zu vermitteln. Ich pries die Toleranz und die Hilfsbereitschaft, die ich hier in Deutschland erfahren hatte, die Unterstützung, die mir so viele Menschen boten. Ich beschrieb, wie großzügig die Religionsfreiheit gelebt wird. Vielleicht drang ein klein wenig davon durch. Doch im Großen und Ganzen war das Weltbild, das ich in Deutschland entwickelt hatte, nicht das meiner Eltern und ist es auch nicht mehr geworden. Letztlich auch nicht das meiner Geschwister.

Ich sehe eine Art kommunizierender Röhren vor meinem inneren Auge: Je deutscher ich wurde, desto weniger blieb mir von meiner tamilischen Kultur. Das heißt, ich war (zumindest anfangs) ein fremder Deutscher, der immer mehr zu einem fremden Arunagirinathan wurde.

Migration bedeutet, mit dem zu brechen, woher man kommt. Ob man will oder nicht.

# 21.
# Deutscher werden

2008 war ein sensationelles Jahr für mich. Nach acht Jahren schloss ich das Studium ab, und ich bekam eine Stelle. Außerdem wurde ich eingebürgert – drei einschneidende Ereignisse. Die mündliche Abschlussprüfung war der letzte Teil eines Marathons an Tests, Berichten und Bewährungsproben am Patienten, aber nun war es endlich vorbei. Es handelte sich um eine Gruppenprüfung, wir waren zu viert. Das Ganze dauerte ungefähr zwei Stunden, dann mussten wir noch eine halbe Stunde im Vorraum auf das Ergebnis warten. Schließlich die Erlösung: Alle hatten bestanden. Draußen warteten die Familien der drei Kommilitonen, mich holten Studienkollegen und Freunde ab. Zwei von ihnen hatten ihre Kinder dabei, die stolz auf ihren «Onkel Umes» waren. Alkoholfreien Sekt gab es ebenfalls, also auch für mich eine kleine Familienfeier.

Ich rief bei meinen Eltern an, es war eines dieser sündhaft teuren Telefonate, die nur zu besonderen Gelegenheiten stattfanden. Aber wenn das keine war, welche dann? Mein Vater ging dran. «Appa», sagte ich, das ist «Vater» auf Tamil. «Appa, ich habe mein Examen bestanden, ich bin jetzt Arzt.» Selbst über die wie immer leicht rauschige Verbindung hörte ich, dass er tief einatmete, wahrscheinlich richtete er sich auf, um seiner Freude eine Form zu verleihen. «Mein Sohn, ich bin sehr stolz auf Sie. Sie haben so viel durchgemacht und alles allein geschafft. Wir sind sehr glücklich.» Es war das erste Mal, dass sich mein Vater in dieser Weise äußerte, das erste Mal, dass er mich explizit lobte und meine Anstrengungen, um nicht zu sagen meinen Kampf, würdigte. Es war ein sehr kurzes Gespräch, aber er sagte die entscheidenden Worte. Ich glaube, er war positiv überrascht, dass dieses Kind, das er im Grunde nicht allein ins Ungewisse hatte wegschicken wollen, tatsächlich das Ziel erreicht hatte. In seinem Stolz auf mich schwang sicherlich auch ein bisschen das gute Gefühl mit, dass er nun sich – und allen Nachbarn, Freunden und Verwandten – sagen konnte: «Ich bin der Vater von Dr. Umes.» Dass der Titel erst mit der Promotion verliehen wurde, war ihm nicht klar.

Ich war froh, dankbar und unglaublich erleichtert, dass diese Riesenetappe geschafft war. Obwohl ich schon wieder am Anfang einer neuen stand, man ist ja nicht fertig, wenn man das Studium geschafft hat. Aber das spielte erst mal keine Rolle. Ich hatte die Hoffnungen meiner Eltern und meinen eigenen Traum erfüllt. Das allein zählte in diesem Moment.

Mit dem Staatsexamen wurde auch meine Assistentenstelle Wirklichkeit. Bereits vor dem Examen hatte ich meine Bewerbung abgeschickt – und gleich hoch gepokert. Ich bewarb mich für die Ausbildung zum Herzchirurgen beim UKE, dem Universitätsklinikum Hamburg-Eppendorf. Es ist eins der größten und bedeutendsten Zentren für Herz- und Gefäßchirurgie in Deutschland. Es war mein sehnlichster Wunsch, wieder nach Hamburg zurückzuziehen, mein Heimweh war in den letzten Jahren immer stärker geworden.

Das Bewerbungsgespräch, ungefähr ein Monat vor dem Staatsexamen, verursachte mir nicht direkt Magenschmerzen, aber aufgeregt, vielleicht auch ein wenig unsicher war ich schon. Schließlich sind die Stellen in solch renommierten

Zentren sehr begehrt. Vorher trank ich mit meiner Freundin Sahar einen Tee am Siemersplatz. Rund hundert Meter von uns entfernt befand sich das Restaurant Antikes, in dem ich als Schüler eine Zeit lang als Tellerwäscher gearbeitet hatte. Ich musste innerlich lachen: Rund acht Jahre zuvor hatte ich für einen mageren Lohn an der Spüle gestanden, heute ging ich zum Vorstellungsgespräch ins UKE. Mir erschien das als gutes Omen. Der Gedanke daran vermittelte mir Kraft und Zuversicht. Wenn ich es von dort bis hierher geschafft hatte, dann würde ich auch den nächsten Schritt packen.

Mein späterer Chef saß mit vier Oberärzten an einem langen Tisch. Mir kam die Besetzung ein bisschen übertrieben vor, aber offenbar wollten sie sehr genau schauen, wer ins Team kommen wollte. Die Herren stellten mir eine Menge Fragen, allerdings kaum fachliche, sondern eher persönliche. Das Schöne ist, dass die meisten solcher Gespräche mit meinem Namen beginnen. Fast alle Menschen haben Mühe, ihn auszusprechen, und erst recht, sich ihn zu merken. Oft stolpern sie gleich schon bei der Ansprache, wir lachen gemeinsam, und ich versuche, ihnen den Namen beizubringen, in kleine Häppchen zerlegt: Aruna-giri-nathan. Für die ganz Eifrigen gibt's in ähnlicher Weise noch den Vornamen dazu: Umes-waran. Die kleine Übung lockert die Stimmung ganz erheblich, das habe ich oft erleben können.

Die zentrale Frage lautete: Warum wollen Sie denn in die Herzchirurgie? Meine Argumente hätten sie auch schon aus den Unterlagen entnehmen können, etwa dass ich als Pflegehelfer sechs Jahre auf einer solchen Station gearbeitet, meine Doktorarbeit dort begonnen, Praktika absolviert hatte sowie außerdem das Wahltertial im Praktischen Jahr. Auf die Frage nach meinen persönlichen Eigenschaften war ich vorbereitet und antwortete, was sie hören wollten: «Meine Stärke ist, dass ich mit Menschen gut umgehen kann. Ich spreche gern mit den Menschen, knüpfe leicht Kontakte und pflege sie. Und ich bin gut organisiert. Das Studium finanzierte ich durch meine Arbeit, sodass ich zwar länger gebraucht habe. Aber dass ich es überhaupt geschafft habe, ist ein Ergebnis guter Organisation. Sonst hätte es nicht funktioniert. Meine Schwäche: Ich bin ungeduldig, das führt dazu, dass ich mich selbst immer antreibe, um alles schnell zu erledigen.» Das wird gern gehört, weil es als Zeichen für Ergebnisorientierung gewertet wird. Was ja nicht falsch ist.

Ich hatte das Gefühl, dass es ein nettes Gespräch war und ich mich gut verkaufte. In meinem Schlusswort betonte ich noch einmal, dass ich Herzchirurg werden wollte – und es auch mit Sicherheit werden würde. Die Frage sei nur, ob ich am UKE ausgebildet würde. Mich würde es sehr freuen. Mein späterer Chef hat dieses Fazit bis heute nicht vergessen. Er fand gut, dass ich ihnen im Grunde sagte: Wenn ich es hier nicht werde, gehe ich woandershin. Sie hatten mich nicht in der Hand. Das war schon ziemlich selbstbewusst. Mein Plan B war eine Bewerbung in Lübeck, wo es allerdings zu diesem Zeitpunkt keine Stelle gab. Aber Plan A klappte, ich trat die ersehnte Stelle am UKE im Juni 2008 an, noch als Sri Lanker. Zwei Monate später war ich Deutscher.

Bis ich die Aufenthaltsbewilligung erhielt, hatte mir mein unsicherer Status immer große Sorgen bereitet. Seit ich das Studentenvisum hatte, war alles o. k. Aber nun war das Studium beendet, das Visum galt nicht mehr. Für die Einbürgerung war ein sechsjähriger rechtmäßiger Aufenthalt Bedingung, wofür mittlerweile die Studienzeit anerkannt wurde. Das war früher anders gewesen. Jetzt erfüllte ich alle

Voraussetzungen. Formal stand meiner Einbürgerung nichts mehr im Wege.

Kurz vor Ende des Studiums ging ich also zum Einwohnermeldeamt in Lübeck, Abteilung für Einbürgerungen, und fragte nach Informationen und Formularen. Die Beamtin legte die normale behördliche Grimmigkeit an den Tag und runzelte die Stirn: «Was wollen Sie eigentlich, Sie sind doch wegen des Studiums hier, Sie haben Studentenstatus. Wenn Sie fertig sind, gehen Sie doch eh wieder nach Hause.» Sie wusste natürlich nicht, dass ich schon seit 1991 in Deutschland war, die Akte war ja gelöscht worden, nachdem ich von Kopenhagen aus das Studentenvisum beantragt hatte. Trotzdem: Freundlich war sie nicht, sondern von vornherein auf Abwehr gestimmt. Nichts von: «Schön, dass Sie Deutscher werden wollen. Herzlich willkommen. Wir schauen mal, ob Sie alle Voraussetzungen erfüllen.» Das wäre es doch gewesen.

Eine Woche später versuchte ich es erneut, und zwar mit Verstärkung von Armin Wegener, einem väterlichen Freund, der als Arzt praktizierte, zwei ausländische Kinder adoptiert hatte und zur guten Gesellschaft Lübecks gehörte. Er wurde von derselben Beamtin, die mich abgebürstet hatte, freudig begrüßt. «Herr Wegener, wie schön, kommen Sie rein, nehmen Sie Platz.» Herr Wegener lächelte und kam sofort zur Sache. «Schauen Sie mal, ich habe hier einen jungen Mann mitgebracht, der eingebürgert werden möchte.» «Natürlich, lassen Sie mich mal sehen ... Kein Problem, das kriegen wir hin.» Da ich in Deutschland mein Abitur gemacht hatte, entfiel der Einbürgerungstest. Innerhalb von vier Wochen war ich deutscher Staatsbürger.

Ich freute mich. Und ich ärgerte mich. Ich klopfe an eine Tür und werde abgewiesen. Ein Biodeutscher klopft an dieselbe Tür und sie tut sich auf. Es war beide Male dieselbe Beamtin. Sein Wunsch wurde anders wahrgenommen und behandelt als meiner. Obwohl es um dieselbe Sache ging. Es war wie so oft: Man braucht Einheimische, die einem helfen. Allein geht es nicht. Nicht einmal dann, wenn die Gesetzeslage und die Papiere eindeutig sind.

Vier Wochen später bekam ich die Benachrichtigung, dass ich eingebürgert worden sei und die Urkunde abholen könne. Der Brief war nicht unfreundlich, der Stil der normale Behördenton. So, als wenn man eine Nachricht von untergeordneter Bedeutung aus einem Laden erhält: Ihre Bestellung ist eingetroffen. Abholung möglich werktags von 10 bis 12 Uhr.

Live war es genauso nüchtern. Ich ging zur Behörde, alles lief geschäftsmäßig ab, kurz und knapp: Hier ist Ihre Urkunde, unterschreiben Sie, herzlichen Glückwunsch. Das war's. Eine offizielle Zeremonie für Neubürger fand nur zweimal im Jahr statt. Als ich an der Reihe gewesen wäre, wohnte ich schon in Hamburg. Lübeck war also nicht mehr zuständig, und die Hamburger hatten mich nicht auf dem Schirm. Trotz der Nüchternheit, man kann schon sagen banalen Durchführung des Aktes, war es für mich extrem bewegend. Ich betrachtete die Einbürgerung als Anerkennung für meine Leistung, schließlich hatte ich darum gekämpft, Deutscher zu werden. Es war für mich nicht nur ein Papier, nicht nur eine Formsache. Dass ich endlich sagen konnte «Ich bin Deutscher», bedeutete mir extrem viel. Ich war 30 Jahre alt, seit zwei Monaten Assistenzarzt und jetzt auch noch eingebürgert. Vor Glück wusste ich mich kaum zu halten. Überall gab ich diese Sensation bekannt, in der Personalabteilung des UKE natürlich, bei allen Freunden und Weggefährten. Wir haben mächtig gefeiert, im Garten von Lorenz Köhler, meinem ehemaligen Lehrer, der die Bürgschaft für mich übernommen und mir auch sonst in jeder Hinsicht geholfen hatte. Er selbst erlebte meine Deutschwerdung nicht mehr, drei Jahre zuvor war er an Krebs gestorben. Nun vertrat ihn seine Frau Alexandra und freute sich mit mir. Meine Freundin Yasmin schenkte mir ein T-Shirt mit dem Aufdruck: Arzt, Autor, Deutscher. Mit Deutschlandflagge. Ich war selig.

Damals habe ich nicht weiter drüber nachgedacht, aber wenn ich mir heute die sogenannte Urkunde anschaue, muss ich doch sagen: Hier wäre noch Luft nach oben. Ich glaube, die meisten Abiturzeugnisse sehen bedeutender aus, von Sporturkunden ganz zu schweigen. Bei meiner Einbürgerungsurkunde handelt es sich um ein relativ dünnes Papier mit grünlichem Schlierenmuster (wahrscheinlich eine Art Wasserzeichen für die Fälschungssicherheit), einem Bundesadler oben und zwei Stempeln nebst Unterschriftenkrakel unten, einen für die Ausfertigung und einen für die Abholung. Die Gestaltung entspricht dem dürren Text: «Umeswaran Arunagirinathan hat mit dem Zeitpunkt der Aushändigung dieser Urkunde die deutsche Staatsangehörigkeit durch Einbürgerung erworben. Die Einbürgerung hat sich nicht auf Kinder des/der Eingebürgerten erstreckt.» Datum. Ort. Fertig.

Ich gehe davon aus, dass in den allermeisten Fällen die Freude des Eingebürgerten sehr groß ist. Kann sich die Bundesrepublik Deutschland nicht auch ein bisschen freuen, dass sie einen neuen Bürger gewonnen hat? Einen, der dazu beitragen könnte, dieses Land schön und lebenswert zu gestalten? Und könnte sie das nicht in etwas feierlicherer Form ausdrücken als mit einem schwiemelgrünen DIN-A4-Blatt vom Charme eines Steuerbescheids? Bitte, Frau Innenministerin, falls Sie das lesen: Unternehmen Sie etwas!

## 22.
## Deutscher sein

So schäbig die Urkunde optisch auch wirkte: Sie bedeutete Freiheit für mich, ein schier überwältigendes Gefühl. Zum einen die Berufsfreiheit. Als Nichtdeutscher hätte ich keine Approbation erhalten, sondern nur das eingeschränkte «Recht zur Ausübung ärztlicher Tätigkeit», also keine Niederlassungsfreiheit. Zum anderen die Bewegungsfreiheit. Ich war selbst ein bisschen überrascht, wie sehr mich dieser neue Zustand aufwühlte. Offenbar steckten mir noch immer die Einschränkungen aus der ersten Zeit in den Knochen, das Beantragen von Sondergenehmigungen für jeden kleinen Anlass, der mich über Hamburgs Grenzen hinausführte, und sei es nur eine Fahrradtour mit der Schule. Zwar war das seit 2002 besser geworden, als ich das Studentenvisum bekam, aber jetzt, mit einem deutschen Reisepass, waren auch Reisen ins Ausland einfacher. Ich brauchte kein Visum mehr, um meine Schwester in London zu besuchen. Und für die meisten anderen Länder auch nicht. Ich konnte einfach aufbrechen.

Eine meiner ersten großen Reisen führte mich zu meinem Bruder nach New York und meiner Schwester nach Toronto. Die Reise begann mit einem kleinen Malheur, mein Flug nach Frankfurt hatte Verspätung, und ich verpasste den Anschluss nach New York. Über vier Stunden musste ich auf die nächste

Maschine warten. Ich genoss jede Sekunde. Es war das erste Mal seit meiner Ankunft 20 Jahre zuvor, dass ich den Frankfurter Flughafen betrat. Es war verrückt, jetzt bewegte ich mich hier ganz selbstverständlich in diesem Riesengebilde. Ohne die Angst von damals, ohne die Unsicherheit. Niemand erschien mir fremd, nicht die Weißen, nicht die Schwarzen. Und ich selbst fühlte mich auch nicht fremd.

Das Erste, was ich aufsuchte, war der Servicecounter von Lufthansa. Als guter Deutscher beschwerte ich mich über die Verspätung. Schließlich: Lufthansa ist «meine» Linie, meine deutsche Fluglinie. Jetzt muss ich hier stundenlang warten, was bekomme ich als Entschädigung? Lufthansa zeigte sich großzügig und händigte mir einen Gutschein für ein Baguette und einen Kaffee aus. So konnte ich gestärkt die Stunden bis zum Abflug der nächsten Maschine in den Hallen herumspazieren. Diese kleine Tour war phänomenal. Die Sprache war mir vertraut, das Menschengewimmel beunruhigte mich nicht, und die Angst vor Beamten in Uniform des Bundesgrenzschutzes oder der Polizei war nicht mehr vorhanden. Ich hatte einen deutschen Pass, das war so etwas wie eine Ritterrüstung. Mir konnte nichts passieren.

Diese Stunden waren eine Art Bewusstseinstherapie für mich. Ich dachte an den Abend meiner Ankunft, wie ich als unbegleiteter minderjähriger Flüchtling ängstlich auf einer Bank einschlief und mich dann über die Schokolade des Beamten freute – und sah mich jetzt, wie ich selbstbewusst, stark, mit erhobenem Kopf und gestrafften Schultern durch die Hallen schlenderte. Ich war angekommen in dem Land, das mir so fremd gewesen war. In dem Land, das so lange gezögert hatte, mir einen Platz zu geben. Den ich schließlich doch bekommen hatte, mit Unterstützung so vieler wunderbarer Menschen.

Und jetzt war ich einer von ihnen, ein Teil dieser deutschen Gesellschaft.

Mein Bruder Jana holte mich in New York am Flughafen ab. Aus meinem kleinen Bruder war ein sehr großer Mann geworden, der aussah wie mein Vater. Wir umarmten uns, von Beginn an waren wir einander herzlich zugetan, es war keine Distanz zwischen uns zu spüren. Er war wahnsinnig stolz auf mich, präsentierte mich gleich bei seinen Freunden: «Schaut mal, das ist mein Bruder. Er ist Arzt! In Deutschland!» Vielleicht fühlte er sich dadurch aufgewertet, er lebte nämlich in eher ärmlichen Verhältnissen als Untermieter bei einer tamilischen Familie. Als Taxifahrer verdiente er nicht besonders viel, und die Mieten selbst für kleine Räume sind irrsinnig hoch.

Wir haben viel geredet. Er konnte sich nur schwach an mich in Sri Lanka erinnern. Ich sei immer weg gewesen, in der Schule oder beim Arbeiten mit unserem Vater. Trotzdem vermisste er mich. Der große Bruder, auf den er sich zeit seines kleinen Lebens verlassen hatte, war auf einmal weg. Irgendwann hieß es zwar, ich sei auf der Flucht Richtung Deutschland, doch was kann sich ein so kleines Kind schon darunter vorstellen? Wir stopften manche Erinnerungslücke, ergänzten Alltagsgeschichten und versuchten so, uns das Leben des jeweils anderen vorzustellen.

Ich machte mir ein wenig Sorgen um ihn, sein Taxifahrer-Job bot ihm keine Zukunft. Ich drängte ihn, er solle sich um einen richtigen Beruf kümmern, eine Ausbildung anfangen, er war ja noch jung genug. Aber schließlich gab ich es auf, ihn zu belehren. In den USA und auch in Sri Lanka arbeitet man irgendwo. In Deutschland aber hat man einen Beruf. Man braucht einen Beruf. Doch mein deutsches Denken war hier nicht angebracht.

Zwei Tage später fuhren wir mit einem Reisebus nach Toronto zu unserer Schwester. Neben mir saß ein sehr sympathischer Kanadier, ein Dozent für Soziologie. Wir kamen ins Gespräch. Als ich erzählte, dass ich aus Deutschland komme, erschrak er: «Oh! Aber wie kommst du denn in dem Naziland zurecht?» Mich irritierte die Frage. «Was meinst du denn mit Nazis, wann warst du das letzte Mal in Deutschland?» Noch nie. Und dabei würde es auch bleiben. Keinen Fuß würde er in dieses Land setzen. Ich war erschüttert. Ein gebildeter Mensch hört das Wort Deutschland und verbindet es sofort mit Nationalsozialismus oder Nazis. Ich versuchte, ihm klarzumachen, dass wir nicht im Nationalsozialismus leben. Dass wir zwar rechte und rechtsradikale Parteien haben, was bedauerlich ist, aber in einer Demokratie nun mal vorkommen kann. Er konnte mir nicht folgen, sondern blieb bei seiner festgefügten Idee und wunderte sich, wie ich als Dunkelhäutiger überhaupt dort leben konnte. Es stellte sich heraus, dass sein Großvater jüdischen Glaubens gewesen war und Deutschland verlassen musste. Ich drückte mein Bedauern aus, dennoch verstand ich nicht, dass ein gebildeter Mensch bei den Bildern hängen blieb, die er aus seiner Kindheit kannte. Er rückte kein Jota davon ab, sondern blieb dabei, dass alle Deutschen Nazis seien. Ich fühlte mich angegriffen und verteidigte mich. Wenn alle Deutschen Nazis wären, dann ja auch ich. Doch ich bin Demokrat und froh, als Dunkelhäutiger in Deutschland zu leben.

Es war, obwohl der Mann auf gewisse Weise sehr nett war, ein unangenehmes Erlebnis. Im Nachhinein war ich jedoch dankbar dafür. Es hatte mir gezeigt, dass ich nicht nur dem Pass nach Deutscher war, sondern mich auch tatsächlich deutsch fühlte. Und für mein Land eintrat, wenn es erforderlich war.

Mein Bruder hatte unsere Schwester sechs Jahre nicht gesehen, ich sie 20 Jahre nicht. Sie lebt mit Mann und Töchtern in einem großen Haus mit großem Garten. Es war wunderbar, mit meinen beiden Geschwistern so unbeschwert zusammen zu sein, zu erzählen und herumzualbern, als wären wir niemals getrennt gewesen. An einem Abend holten wir unsere Schwester in London per Skype dazu, und es war fast wie früher. In den folgenden Tagen besuchten wir ausgewanderte Nachbarn und Bekannte aus Sri Lanka, und kurzzeitig war es so, als ob ich wieder in meinem alten Zuhause wäre.

Alle meine Geschwister leben in einer Art Parallelgesellschaft und umgeben sich überwiegend mit tamilischen Freunden. Auch meine Schwester in Toronto, obwohl Kanada eine sehr offene Gesellschaft ist. Ich hatte zu keiner Zeit dort das Gefühl, ein Ausländer zu sein, nur weil ich dunkelhäutig bin. In London geht es ganz anders zu, die Atmosphäre in Bezug auf unterschiedliche Ethnien ist nicht so locker, und die Gruppen sind nach nationaler Herkunft sehr viel stärker voneinander getrennt. In London gibt es eine große tamilische Community, die auf relativ kleinem Raum lebt und untereinander sehr stark vernetzt ist. Meine Schwester machte ihren Führerschein auf Tamil, nicht auf Englisch. Sie geht zu tamilischen Ärzten, sucht den Rat tamilischer Anwälte, kauft in tamilischen Läden ein und trägt normalerweise die traditionelle Kleidung. Nicht aus Unfähigkeit, sie spricht ganz gut Englisch. Aber als Tamile in London braucht man gar nicht rauszugehen, in die große englische Welt. Man kann unter sich bleiben.

Viele Flüchtlinge und Migranten unternehmen in ihrem neuen Land die ersten Schritte möglichst in einer Gruppe von ehemaligen Landsleuten, in ihrer Community. Ich kann das in gewisser Weise nachvollziehen. Sie profitieren von den Tipps und Beziehungen, bewegen sich in ihrer gewohnten Sprache, bekommen eher eine Wohnung von einem Landsmann als von einem Einheimischen, fühlen sich ganz allgemein in einer unklaren Situation bei ihren Landsleuten sicherer. Das Leben in einer solchen Gemeinschaft reduziert die Fremdheit, der man als Migrant unentrinnbar ausgesetzt ist. Das Problem besteht darin, den Absprung zu finden. Je älter man ist, desto schwieriger wird es. Desto mühsamer wird es, die Sprache wirklich richtig zu lernen – was wiederum den Wunsch verstärkt, in der Geborgenheit der eigenen Community zu verharren.

Selbst wenn man das emotional nachvollziehen kann: Die Mehrheitsgesellschaft sollte alles dafür tun, diese abgesonderten Einheiten nicht entstehen zu lassen. Durch bessere Unterstützung einerseits, aber auch durch klare Anforderungen andererseits. Es ist meines Erachtens nicht akzeptabel, dass Menschen mit Flucht- oder Migrationsgeschichte seit 30 oder mehr Jahren in Deutschland leben und die Sprache nicht beherrschen. Man muss vielleicht nicht den Konjunktiv bis in die feinsten Verästelungen kennen, aber flüssig sprechen und lesen zu können ist unabdingbar. Deshalb bin ich auch dagegen, dass beispielsweise die theoretische Führerscheinprüfung in mehr als zehn Sprachen abgelegt werden kann. Oder dass es in öffentlichen Verkehrsmitteln mehrsprachige Hinweisschilder gibt – auch in Städten, in denen nicht viele ausländische Besucher zu erwarten sind.

Ich meine, der Druck, die deutsche Sprache zu beherrschen, muss direkt und indirekt relativ hoch sein. Deutsch zu lernen ist mühsam, ich weiß es nur zu gut. Aber es ist weder Strafe noch Diskriminierung, wenn man die Sprache des Landes lernt, in dem man leben und arbeiten will. Ob politische oder kulturelle Teilhabe, ob erfüllende und gut bezahlte Berufe: Die Sprache ist der Schlüssel zu allem. Und zu allen. Wer etwa nur Türkisch spricht, hat weder Zugang zur deutschen Gesellschaft noch beispielsweise zu Menschen arabischer, spanischer oder russischer Herkunft. Für alle gilt: Deutsch ist das Gemeinsame. Wer darauf verzichtet, schneidet sich vom Ganzen ab und bleibt in seiner Splitterwelt. Und nicht nur er selbst, auch seine Kinder.

Mir tut das Herz weh, wenn ich in meinen Lesungen die radebrechenden Zehn- oder Zwölfjährigen erlebe, die hier geboren und in den Kindergarten gegangen sind, es aber nicht im Entferntesten mit den redegewandten Sprösslingen von integrationswilligen oder biodeutschen Eltern aufnehmen können. Sie starten mit einem Handicap, das sie kaum je überwinden werden. Die Abiturquoten etwa in Berlin zeigen das. Die Schule mit dem besten Abi-Schnitt hat eine Quote von 59,2 Prozent Schüler nicht deutscher Herkunftssprache, die mit dem schlechtesten Schnitt eine Quote von über 82 Prozent.[5] Ich weiß, dass viele andere Faktoren ebenfalls eine Rolle für den Schulerfolg spielen. Aber die sichere Beherrschung der deutschen Sprache ist essenziell. Wenn das jedoch zu Hause keinen Wert hat, nicht gefördert wird, können die Kinder kaum erfolgreich sein.

Es war gut, dass mein Fluchtziel Deutschland war und ich auch dort geblieben bin. Die meisten Tamilen wollen sich irgendwo im englischsprachigen Raum niederlassen, sprachlich und historisch liegt er ihnen näher. Deshalb leben so viele in Großbritannien, Kanada und den USA. Ich glaube nicht, dass ich in England so englisch geworden wäre, wie ich heute deutsch in Deutschland bin. Hier in Deutschland leben vergleichsweise wenige Tamilen, daher war ich auch gezwungen, Deutsch zu verstehen und zu sprechen. Es geht ja nicht nur um die Sprache, sondern auch um die Werte, die sich mit der hergebrachten Kultur verbinden und die in die neue Heimat teilweise nicht passen. Ich sehe an meinen Geschwistern, wie tamilisch sie im Vergleich zu mir sind. Mein Bruder etwa ist ein sehr freundlicher, offener Mensch, aber in Bezug auf seine Religion sehr streng. Er rät unserer Schwester: Schick deine Kinder nicht in eine andere Stadt zum Studieren, sie kommen dort unter die Räder und verlieren ihre Werte. Ich sage: Schick sie dahin, wo sie glücklich sind. Wenn meine Geschwister Geburtstag feiern: Die Runde besteht aus Tamilen. Wenn ich feiere: Die Runde ist äußerst bunt.

Ich gebe zu, dass auch ich in mancher Hinsicht tamilisch geblieben bin, etwa was die Verantwortung für die Familie angeht. Da denke ich überhaupt nicht deutsch. Als Schüler und Student habe ich schon Geld nach Hause geschickt, als es wirklich extrem hart für mich war. Als Assistenzarzt verdiente ich regelmäßig, da wurde es etwas leichter. Allerdings stiegen die Zuwendungen mit der Zeit an, da mein Vater auf eine regelmäßige Dialyse angewiesen war, viele Medikamente benötigte und schließlich längere Zeit im Krankenhaus verbrachte. Bei der Finanzierung der Hochzeiten meiner Schwestern übernahm ich einen großen Anteil. Bis heute tritt immer irgendwas ein, was finanziell geregelt werden muss. Sei es, dass meine Londoner Schwester einen Laden eröffnen oder mein Bruder mit seiner Frau umziehen will. Ich glaube, meine Familie hat mich seit meiner Ankunft in Deutschland als Unterstützungsinstitution gesehen – nicht in erster Linie als den Jungen, der sich in Deutschland zurechtfinden muss. Aber ich beschwere mich nicht, ich empfinde es als richtig so.

Es macht mich glücklich, wenn ich meiner Mutter und meinen Geschwistern helfen kann.

Meine deutschen Freunde haben oft Mühe, das nachzuvollziehen. Im Grunde verstehen sie es nicht. Die Deutschen sind viel individueller in der Selbst- und Lebensbestimmung, die Familie spielt oft nicht so eine große Rolle wie bei uns. Materielle Zuwendungen sind eher unüblich und unter Geschwistern noch seltener. Mit meinen Freunden, die Wurzeln im Iran oder in Afghanistan oder ähnlichen Ländern haben, kann ich hingegen sehr gut darüber sprechen. Bei ihnen läuft es genauso. Meine deutschen Freunde staunen: «Was, so viel Geld? Warum denn? Wofür?» Für die anderen ist es ganz selbstverständlich: «Ja, das ist doch deine Familie.»

Es wirkt auf manchen vielleicht sehr materiell, wenn Zuneigung oder Verbundenheit durch Überweisungen ausgedrückt werden. Das stimmt wohl zum Teil, aber es ist auch ein Zeichen großen Vertrauens. Es beweist, dass man Verantwortung übernimmt, dass der andere sich auf mich verlassen kann. Meine Geschwister glauben, dass ich leichter diese Verantwortung tragen kann als sie, weil ich Arzt bin. Sie haben falsche Vorstellungen von meinem Einkommen. Das ist mir aber egal. Ich fühle mich gut dabei, sie zu unterstützen, weil ich dankbar dafür bin, dass ich damals weggeschickt wurde.

## 23.
## Durchbeißen

Als Schüler hatte ich im UKE ein Praktikum absolviert, in Lübeck als Pflegehelfer gearbeitet, und nun ging ich als Arzt ins Krankenhaus, zum ersten Mal. Das war schon ein erhebendes Gefühl. Das UKE hat eine der besten Kliniken für Gefäß- und Herzchirurgie in Deutschland, ein großes Zentrum mit umfangreicher fachlicher Kompetenz. Rund 2000 Eingriffe am Herzen werden dort jährlich durchgeführt, Kennziffern wie Sterblichkeitsraten sind deutlich besser als der bundesdeutsche Schnitt.[6] Ich war ungeheuer stolz darauf, dort meine Ausbildung absolvieren zu können.

Heute liest man auf der Liste der Assistenzärzte etliche Namen, die auf eine Migrationsgeschichte schließen lassen. Damals, als ich in der Ausbildung war, gab es nur sehr wenige. Keine der leitenden medizinischen Positionen war von einem nicht weißen Menschen besetzt. Beim Pflegepersonal sah das anders aus. Da waren beispielsweise Gesichter mit asiatischem Schnitt oder von dunkler Hautfarbe deutlich häufiger anzutreffen. Nicht besonders aufmerksame, sicher auch vorurteilsgeprägte Patienten konnten also zumindest unbewusst folgern, dass Farbige zum Fußvolk gehörten, Weiße die verantwortungsvollen Tätigkeiten ausübten. Manchmal führte das «nur» zu Missverständnissen, manchmal zu Abwehrreaktionen. Einer meiner Patienten, den ich auf der

Überwachungsstation betreute und dessen Zustand ich während eines Nachtdienstes kontrollierte, beschwerte sich am nächsten Tag beim Stationsarzt. Mitten in der Nacht habe ein pakistanischer Flüchtling sein Zimmer betreten und sich als Arzt ausgegeben. Die Belegschaft möge doch die Zugänge zur Klinik ein bisschen besser kontrollieren. Mein Kollege ärgerte sich, wusste nicht, wer überhaupt gemeint war, und informierte den Chef. Der nahm sich der Sache bei der nächsten Visite an: «Wundern Sie sich bitte nicht, dass wir in unserer Klinik pakistanische Flüchtlinge als Ärzte beschäftigen. Das sind die besten unter uns.» Ich war selbst nicht dabei, der Kollege erzählte mir später von der eleganten Art des Chefs, den Patienten in die Schranken zu weisen. Ich stellte mir das verdutzte Gesicht des Patienten vor, und wir mussten beide noch im Nachhinein darüber lachen.

Anders gelagert war die Begegnung mit einem älteren Patienten. Als ich vor seinem Zimmer stand und die elektronische Akte studierte, sprach mich eine Pflegerin an und versuchte mir beizubringen, dass vielleicht besser einer meiner Kollegen diese Visite erledigen würde. Ich begriff gar nichts, fand außerdem, dass sie sich anders als sonst ziemlich seltsam verhielt. Schließlich kam heraus, dass seine Frau schon im Stationszimmer angerufen und sich erkundigt hatte, ob wirklich farbige Ärzte in diesem Haus beschäftigt seien. Ihr Mann lehne es ab, von einem Schwarzen behandelt zu werden. Der Pflegerin war die Sache sichtlich peinlich, ich war eher verwundert. Am Tag zuvor hatte ich den Patienten schon untersucht, ohne dass mir etwas Besonderes aufgefallen wäre. Er war sehr schweigsam, aber eine solche Gedämpftheit ist durchaus üblich nach einer schweren Operation, insbesondere bei betagten Menschen.

Nun stellte sich also heraus, dass es nichts mit der OP zu tun hatte, sondern mit meiner Hautfarbe. Was tun? Ich musste nicht lange überlegen, ich tat, was ich immer tue: reden, mich kümmern, sachlich bleiben. Als Arzt muss ich jeden so gut behandeln, wie es mir möglich ist. Persönliche Dinge dürfen keine Rolle spielen, nicht einmal dann, wenn sie mich kränken könnten, wenn sie ausgesprochen dumm sind und die Vorstellungen der Patienten einem verzerrten Menschenbild entspringen. Jeden Tag ging ich zu dem alten Herrn, jeden Tag setzte ich mein Wissen ein und half ihm dabei, gesund zu werden. Ich erklärte ihm, warum ich dieses oder jenes machte, wie er selbst zu seiner Genesung beitragen könne und worauf er achten solle. Er schwieg. Kein Wort drang aus ihm heraus. Was auch immer ich sagte, er schaute aus dem Fenster, ohne zu antworten. Es war frustrierend. Der Chef bot mir an, ihn verlegen zu lassen. Aber das lehnte ich ab. Er war mein Patient, und ich würde ihn behandeln, bis er in der Lage war, die Klinik zu verlassen und in die Reha-Einrichtung zu wechseln. Ich beteiligte mich sogar intensiv bei der Suche nach einem Reha-Zentrum an der Ostsee, dorthin wollte er am liebsten.

Am Entlassungstag verabschiedete ich mich von ihm und wünschte ihm alles Gute. Wie immer Schweigen. Kurze Zeit später, als ich mit dem Visitewagen vor der Tür eines anderen Krankenzimmers stand und mich vorbereitete, klopfte mir jemand von hinten auf die Schulter. Es war der alte Herr, der auf seine Fahrt zur Reha wartete. Er sagte genau einen Satz: «Du bist ein guter Junge.» Lächelte freundlich, drehte sich um und ging an seinem Stock zurück auf seinen Platz, um weiter auf den Krankenwagen zu warten.

Ich war zutiefst gerührt. Wer hätte das gedacht? Ein über 80-jähriger, überzeugter «Farbenunterscheider» lässt sich am Ende doch darauf ein, mich als Mensch wahrzunehmen und anzuerkennen, sich dankbar zu zeigen für das, was ich für ihn getan hatte. Diese Begegnung gehört zu den schönsten, die ich in Bezug auf Schwarz-Weiß-Denken je erlebt habe. Sie bestätigte mich in meiner Haltung, dass es nichts bringt, aggressiv auf Rassisten zu reagieren. Oder zu sagen: Dann eben nicht, selbst schuld. Vielleicht war der alte Herr in seinem Leben noch keinem Farbigen begegnet. Vielleicht hatte er als Jugendlicher in seinem Elternhaus verquere, nationalsozialistische Rassentheorien gehört. Und vielleicht war er jemand, der nicht dazu neigte, seine Ansichten auf den Prüfstand zu stellen. Alles bedauerlich, aber kein Grund, ihn von vornherein mit dem Etikett des Rassisten zu versehen, den Kontakt zu meiden und es dabei zu belassen. Oder darauf zu hoffen, dass er sich doch irgendwann an einem Gespräch zur Identitätspolitik beteiligte.

Einen vorurteilsbeladenen Menschen davon zu überzeugen, dass ich nicht der Fremde bin, als der ich ihm auf den ersten Blick erscheine, sondern sein Nächster, um den schönen christlichen Begriff zu benutzen – das ist entsetzlich mühselig, kostet Zeit, braucht viel Geduld und Energie. Dennoch bin ich davon überzeugt, dass Hinwendung der beste Weg ist, Vorurteile abzubauen und die Distanz zwischen uns Menschen mit unterschiedlichen Hautfarben zu verringern. Politische Arbeit und grundsätzliche Debatten werden dadurch keineswegs überflüssig. Doch ich bin kein Theoretiker, sondern Praktiker. Ich arbeite als Arzt, weil ich mich gern konkret dem einzelnen Menschen zuwende. Und genau das ist auch meine Haltung, wenn es um eingefahrene rassistische Vorstellungen geht.

---

In der Konfrontation mit Patienten, die mit meiner Hautfarbe Schwierigkeiten hatten, genoss ich die volle Unterstützung meines Chefs. Er duldete nicht, dass ein Mitglied seines Teams diskriminiert wurde. Das rechnete ich ihm hoch an. Nach einer gewissen Zeit war ich mir aber nicht mehr ganz sicher, ob er tatsächlich meinetwegen so agierte oder ob es eher um die Abwehr von externer «Kritik» ging, die seine Station und seine Mitarbeiter und Mitarbeiterinnen betraf – und letztlich damit ihn selbst. Intern hatte ich nämlich den Eindruck, dass ich stecken blieb. Meine Karriere, besser gesagt, meine Ausbildung ging nicht voran.

Die Facharztausbildung dauert in der Regel sechs Jahre. Der Laie denkt, dass man nach dem langen Studium doch eigentlich schon fertig sein müsste. Aber so ist es leider nicht. Mit abgeschlossenem Studium haben wir Studenten der Medizin in der Regel ein sehr gutes theoretisches Fundament erworben, die Praxis jedoch fehlt. Kontakt mit Patienten findet an den Unis kaum statt, im Praktischen Jahr holt man da auch nicht allzu viel auf. Wir kennen die Standardwerke zu Ursache und Verlauf einer Krankheit, die möglichen Therapieansätze, die statistischen Erfolgsaussichten und vieles mehr. Doch wir haben kaum je einen Menschen mit dieser Krankheit gesehen, schon gar nicht verschiedene individuelle Ausprägungen. In den operierenden Fachrichtungen muss darüber hinaus das Handwerk erarbeitet werden. Vom Zuschauen allein erlernt man es naturgemäß nicht.

Nun könnte man denken, dass in einem so regelungsfreudigen Staat wie Deutschland bis ins Kleinste definiert ist, wie ein künftiger Facharzt ausgebildet wird. Dem ist aber nicht so. Der Arztberuf gehört nämlich zu den «freien» Berufen, entsprechend ist auch die Ausbildung frei. Das heißt, jeder kann sich die Klinik und den Chef- oder Oberarzt aussuchen, bei dem er seine Profession erlernen will. Und der wiederum ist sehr frei darin, wie er die Ausbildung gestaltet. Ein paar Rahmenbedingungen gibt es, die schränken aber niemanden wirklich ein. Und Kontrollen finden so gut wie gar nicht statt. Diese Freiheiten hören sich im ersten Moment gut an, auf den zweiten Blick erkennt man aber, dass sie große Unfreiheit erzeugen. Die Assistenten sind nämlich ganz und gar abhängig von ihrem Chef. Je nach dessen Charakter läuft es entweder prima – oder man hängt in der großen Stagnation fest.

Da man auf die Gunst des Chefs angewiesen ist, kann man sich schlecht gegen unzulässige Forderungen wehren. Es ist nicht unüblich, dass man zusätzlich zu den anstrengenden Diensten noch Überstunden leisten muss, ohne dass sie vergütet werden. Oder den fest eingeplanten Urlaub kurzfristig wieder absagen muss, weil der Chef es sich anders überlegt hat. Sackgasse, Minenfeld, Haifischbecken, Qualzucht, Quetsche – es gibt eine Menge Begriffe, die diese Ausbildungssituation treffend beschreiben. Allen gemein ist, dass immer mitschwingt, wie die Macht in der Ausbildung verteilt ist und welches Ohnmachtsgefühl das bei den abhängigen Assistenten auslöst.

Für angehende Herzchirurgen sind sechs Assistentenjahre in der herzchirurgischen Abteilung vorgeschrieben, davon zwei Jahre in einer allgemeinchirurgischen Abteilung, etwa in der Notaufnahme oder Ambulanz. Außerdem soll man Erfahrungen in der Intensivstation sammeln und am Ende, damit man zur Prüfung zugelassen wird, rund hundert Operationen am Herzen durchgeführt haben. So weit, so klar. Das Ganze wird dadurch heikel, dass man nicht selbst entscheiden kann, wann man die Abteilung wechselt, sondern der Chef bestimmt, wann man dran ist. Und wann man operieren darf. Da man nicht der einzige Assistent ist, sondern sechs, acht oder zehn Kollegen in verschiedenen Ausbildungsphasen hat, muss man sich gegen Konkurrenz durchsetzen. Die wird nicht lediglich durch Können bestimmt, sondern auch durch Kalkül. Der Chef überlegt sich genau, wen er wie lange ans Haus binden will, wer sehr gute Arbeit für das relativ geringe Assistentengehalt leistet, wer Sohn oder Tochter eines einflussreichen Kollegen ist und welche Kriterien sonst eine Rolle spielen mögen.

Ich habe ungemein von der versammelten Kompetenz am UKE profitiert. Meinem Gefühl nach war ich anerkannt und geschätzt. Eine meiner Stärken lag in der Visite. Wenn jemand darin schlecht war, hieß es immer: Schauen Sie mal, wie der Umes es macht. Der Chef wollte in maximal zehn Sekunden die wichtigsten Informationen zum Patienten – also lieferte ich sie ihm. Das fand ich nicht so schwer, andere hatten große Mühe damit. In mancher Hinsicht achtete der Chef darauf, dass ich vorankam. Beispielsweise ermahnte er mich regelmäßig, die Doktorarbeit nicht schleifen zu lassen, «das müssen Sie machen, der Titel ist so wichtig». Auch klinisch funktionierte alles problemlos, ich gab Kurse für Studenten und war ihr Ansprechpartner. Es lief also gut, einerseits. Andererseits blieb ich stecken. Ich kam einfach nicht weiter, was die spezifisch herzchirurgische Ausbildung anging. Ich wurde nicht gefördert. Vielleicht, weil ich politisch aktiv war und unsere Interessen im Betriebsrat vertrat. Ich war Assistentensprecher, entwickelte einen Rotationsplan und habe auch sonst viel für uns als Gruppe erreicht. Doch ich selbst hatte auch nach sieben Jahren noch keine einzige Operation selbstständig durchgeführt. Das kam schon einer Berufsverhinderung gleich. Einem Kollegen mit türkischem Namen erging es ebenso. Schließlich baten wir den Chef um ein Gespräch. Es verlief an sich sehr freundlich, zeitigte aber keinerlei Ergebnis. Uns wurden keine konkreten Aussichten geboten, wann wir richtig ans Operieren kommen würden. Ich war unzufrieden, weil sich keine Perspektiven ergaben. Da fiel der Satz: «Für Sie ist das schon ausreichend, wo Sie sich gerade befinden.»

Das war es also. Wir sollten keine Ansprüche stellen, sondern mit dem zufrieden sein, was übrig blieb. Wir – die Ausländer, die Fremden, die nicht so Wichtigen. Wir wurden in eine Gruppe gesteckt, deren Hauptmerkmal war: Gehören im Grunde nicht dazu. Das hat mich ungeheuer gekränkt. Ich empfand es als Zurücksetzung – und es war auch eine. Es gab kein einziges sachliches Argument, das als Erklärung angeboten wurde. Die Mängel dieses Ausbildungssystems, in dem man von der Gunst einzelner Personen abhängig ist, machen sich bei «schwächeren» Mitgliedern besonders nachteilig bemerkbar. Das betrifft übrigens nicht nur Menschen mit Migrationshintergrund, sondern zum Beispiel auch Frauen. Wie viele Farbige es bis in Leitungspositionen geschafft haben, weiß ich nicht, dazu gibt es wohl keine Statistik. Bei den Frauen wurde das Ausmaß des Übels inzwischen quantifiziert: In der Chirurgie sind nur 5,4 Prozent der Chefarztposten[7] von Frauen besetzt, obwohl sie 60 Prozent[8] der humanmedizinischen Absolventen stellen.

Eine ähnliche Aussage wie die des Chefs hatte ich auch schon von dem für Personal zuständigen Oberarzt gehört, als ich als Assistentensprecher die Arbeitszeiten kritisierte, die meiner Ansicht nach nicht dem Betriebsverfassungsgesetz entsprachen. Er war sauer, dass ich mir erlaubte, Ansprüche geltend zu machen: «Umes, sei doch erst mal froh, dass du überhaupt in der Herzchirurgie in Deutschland eine Stelle gefunden hast. Misch dich nicht in andere Angelegenheiten.» Ich glaube, er verquickte seinen Ärger über das Aufbegehren der Assistenten mit einer Herabwürdigung in Bezug auf meine Herkunft. Er war nicht in der Lage, argumentativ zu antworten, Fakten beizubringen und das Sachproblem der Arbeitszeiten zu lösen. Er wählte eine andere Ebene, um sich als überlegen einzustufen.

Vielleicht hat er es nicht wörtlich so gedacht, aber seine Haltung zeigte sich in dieser Bemerkung sehr deutlich. Grob gesagt hieß es doch: An sich ist das System weiß, und ab und zu lassen wir mal eine schwarze Person herein, die muss sich dann aber auch entsprechend benehmen. Wir erweisen dir eine Freundlichkeit, wenn du hier arbeiten darfst. Sei also dankbar und verhalte dich auch so, statt über Arbeitszeiten zu meckern.

Und jetzt hatte mein Chef etwas Ähnliches gesagt. Ich ging einigermaßen schockiert aus diesem Gespräch über meine Zukunft. Das, was ich hatte hören wollen, war nicht gesagt worden. Dennoch war eines klar geworden: Hier bekam ich kein Bein mehr auf die Erde. Ich musste mir etwas Neues suchen.

Einer der wenigen Pluspunkte der freien Ausbildung besteht darin, dass man wechseln kann. Es ist nicht unbedingt vorteilhaft, weil man relativ viel Zeit verliert, sich in ein neues Team einfinden muss und nicht wissen kann, ob die neue Ausbildung besser wird als die alte. Aber: Wer nicht wagt, der nicht gewinnt. Ich verschickte ein paar Bewerbungen und bekam eine Stelle in Bad Neustadt an der Saale. Rund zwei Monate nach dem unangenehmen Gespräch reichte ich die Kündigung ein. Der Chef war schockiert. Was ich denn in Bad Neustadt wolle, dem kleinen Kaff in Franken? Als Farbiger? Nun ja, ich wollte eben nur eins: meinen Facharzt machen. Kurze Zeit später rief er mich noch mal an und versuchte, mich umzustimmen. Er wollte ganz offensichtlich nicht, dass ich die Station verließ. Aber eine handfeste Zusage, dass ich von jetzt an gefördert würde, lieferte er nicht.

Der Kollege mit dem türkischen Namen blieb. Wir trafen uns nach ein paar Jahren wieder, und er bedankte sich bei mir, dass ich dieses Gespräch beim Chef initiiert hatte. Innerhalb eines Jahres nach meinem Weggang war er ausgebildet worden. Wenn ich nicht gewesen wäre, hätte sich auch für ihn nichts geändert. Bei ihm hatte es also geklappt. Dennoch bereute ich in keiner Hinsicht meinen Entschluss. Ich hatte mein Gesicht gewahrt und kümmerte mich um das, was ich im Vorstellungsgespräch schon angekündigt hatte: Ich wurde Herzchirurg.

# 24.
# Überzeugen durch Leistung?

Es fiel mir schwer, nach Bad Neustadt zu gehen. Ich musste mein Zuhause verlassen, meine Heimat Hamburg zumindest für einige Jahre aufgeben. Auf der Umzugsfahrt weinte ich lange. Bad Neustadt ist Provinz, rund 15 000 Einwohner leben in dieser Gemeinde in Unterfranken. Die nächste größere Stadt ist Schweinfurt. Ich war vorauseilend deprimiert. Es fing allerdings auch nicht ideal an. Vor der Wohnungssuche warnte mich die Maklerin, dass es schwierig würde «mit Ihnen». Es war klar, damit waren nicht mein Status als Assistenzarzt oder mein Einkommen oder meine Herkunft aus Hamburg gemeint, sondern meine Hautfarbe. Die Vermieter wollten einfach keine Farbigen. Es war der Maklerin sichtlich peinlich, mir das beibringen zu müssen. Zum Glück machte sie eine nette ältere Dame ausfindig, bei der ich mich einmieten konnte. Bei unserer ersten Begegnung war sie zurückhaltend bis abweisend, ähnlich wie damals Frau Schulze in Lübeck. Dann wurden wir die besten Freunde. Vor kurzer Zeit erkrankte sie schwer. Ihre Tochter zieht mich bei medizinischen Fragen oft zurate. Ab und zu besuche ich sie, so bin ich noch immer in gutem Kontakt mit der Familie.

In Bad Neustadt war man dunkelhäutige Menschen weniger gewohnt als in einer Großstadt wie Hamburg, das machte sich immer wieder bemerkbar. Für das Fitnessstudio musste ich das Jahresabo komplett im Voraus bezahlen, andere nicht. Zur Erklärung hieß es: «Man weiß ja nicht, wie lange Ihre Aufenthaltserlaubnis läuft.» Dabei hielt der Mitarbeiter meinen Pass in der Hand, aus dem er entnehmen konnte, dass ich Deutscher war. In der Umkleidekabine hörte ich einmal von hinten die Frage: «Du nix Sauna?» Ich fühlte mich einerseits nicht angesprochen, andererseits war außer mir niemand mehr da. Also fragte ich zurück: «Entschuldigung, haben Sie mit mir gesprochen?» Gönnerhaftes Erstaunen: «Ach, du sprichst ja unsere Sprache.» «Ja, klar, wir sprechen in Hamburg Deutsch.» «Ich meinte es nicht böse, ich bin Lehrer, Deutsch als Fremdsprache.» Ich fasste es nicht, es war zum Fremdschämen. Wie kann jemand mit dieser Einstellung als Lehrkraft in der Schule Migranten oder anderen anständiges Deutsch beibringen?

Einmal kaufte ich in einem guten Geschäft neue Schuhe und ein paar Hemden. An der Kasse zahlte ich die geforderten 240 Euro. Da fragte mich der Verkäufer: «Was machen Sie beruflich?» Ich fand das sehr seltsam. Offenbar staunte er, dass ich über so viel Geld verfügte, was er einem Schwarzen nicht zugetraut hatte. Solche Dinge passierten mir in Hamburg nicht. Wahrscheinlich kommen sie heute auch in Bad Neustadt nicht mehr vor. Als 2015 so viele Flüchtlinge in Deutschland eintrafen, nahm der Ort viele Menschen auf. Seitdem sind sie Teil der Stadt geworden, sie haben Geschäfte eröffnet und sind präsent. Auch ich beherbergte eine Zeit lang einen jungen Mann aus Syrien, einen unbegleiteten Flüchtling, dem ich ein Zimmer untervermietete. So richtig klappte es leider nicht mit uns. Unsere Vorstellungen waren zu verschieden. Auf seiner Seite war die Anspruchshaltung ausgeprägt, auf meiner Seite zu wenig Bewusstsein dafür vorhanden, dass ich ihm meine Regeln im Speziellen und die deutschen im Allgemeinen besser hätte nahebringen müssen.

Später wurde mir überdies klar, dass ich ihn nicht genügend dabei unterstützt hatte, diese Regeln auch zu verinnerlichen. All das, was ein hier Geborener quasi mit der Muttermilch aufsaugt und was ich über viele Jahre über dieses Land gelernt und erfahren hatte, war für ihn so fremd: das für dieses Land Typische, die Kultur, der Umgang miteinander. Mir wurde erst im Nachhinein bewusst, dass es ja nicht nur um einen intellektuellen Zugang geht, sondern auch um eine emotionale Verbindung. Werte sind zu einem großen Teil Gefühlsfragen.

Ich muss sagen, dass ich nicht zufrieden mit mir bin. Ich dachte aus meiner eigenen Erfahrung heraus, dass er sich möglichst schnell integrieren wollte, dass er noch mal zur Schule gehen, Wurzeln schlagen und seine Träume verwirklichen wollte. Aber das war nur zum Teil so. Ich glaube, er ging davon aus, dass seine Träume von selbst wahr würden. Ich habe zu viel vorausgesetzt und zu wenig geklärt. Nach einigen Monaten zog er aus.

Die Erfahrung mit dem jungen Syrer und die Bilder, die ich 2015 von den vielen Ankömmlingen gesehen hatte, bewogen mich, das zweite Buch zu schreiben, «Der fremde Deutsche». Es sollte eine Motivation sein, aber auch eine Bestandsaufnahme, was wir in meinen Augen falsch gemacht haben und in Zukunft besser machen sollten. Wir erwarten unbefangen, geradezu leichtsinnig etwas von den Menschen, die nach Deutschland kommen, was sie nicht kennen können: demokratisches Denken, Gleichberechtigung der Geschlechter, Religionsfreiheit, was auch den Respekt vor und die Anerkennung von anderen Religionen umfasst, das Verständnis für Freiheit überhaupt. Es ist wahnsinnig schwierig, diese

Einstellungen zu vermitteln, weil es häufig die Abkehr von Eingeübtem verlangt. Ich habe meinem syrischen Untermieter die Regeln meiner Wohngemeinschaft nicht mitgeteilt, trotzdem erwartet, dass er sie kennt und befolgt. Wir haben nicht so sehr miteinander gesprochen als vielmehr unsere Erwartungen gepflegt. Daraus entstanden Urteile übereinander, die wiederum unseren Dialog vergifteten und die Beziehung zerstörten.

Im Kleinen geschah genau dasselbe, wie wir es aus dem großen Zusammenhang kennen. Deshalb denke ich mir: Wenn wir – im übertragenen Sinne – jemanden in unsere Wohnung hereinlassen und ihm ein leeres Zimmer anbieten, dann haben wir auch die Pflicht, diesem Neuankömmling unsere Regeln zu vermitteln. In dem Moment, in dem wir die Tür öffnen, ist die Integration obligatorisch. Ich muss es wollen, aber der andere auch.

Im Krankenhaus hatte ungefähr die Hälfte des Personals eine Migrationsgeschichte, von den Patienten höchstens 20 Prozent. Manche taten sich wirklich schwer damit, dunkelhäutige Menschen als Ärzte zu akzeptieren. Einmal nahmen wir eine junge Frau auf, Mutter von zwei Kindern, die einen Herzinfarkt erlitten hatte. Sie musste dringend operiert werden, weigerte sich aber, dem Eingriff zuzustimmen. Wir waren drei deutsche Ärzte: Einer stammte aus Syrien, einer aus Mazedonien und ich eben aus Sri Lanka, eine bunte Gruppe in verschiedenen Schattierungen, nur kein Weiß. Wir erklärten ihr die Dringlichkeit der OP, den Ablauf, ihre Chancen, redeten uns den Mund fusselig. Sie wollte nicht. Unter uns erhärtete sich der Verdacht, dass sie sich einfach nicht von uns «Ausländern» operieren lassen wollte. Was tun?

Wir holten einen weißen Intensivmediziner dazu, der

überhaupt nichts mit der OP zu tun hatte. Er bekam ihre Unterschrift – wir operierten sie. Bevor sie entlassen wurde, ging der syrische Oberarzt zu ihr und verabschiedete sie: «Ich freue mich, dass die OP gut gelaufen ist, bleiben Sie mit Ihren beiden Kindern gesund.» Sie gönnte ihm keinen Blick. Obwohl er ihr das Leben gerettet hatte!

Hinterher gingen wir drei die Sache noch einmal durch. Es war eindeutig, dass sie nicht aufgrund von Ängsten oder ihrer Krankheit so abweisend gewesen war. Sie hegte einen tiefsitzenden rassistischen Vorbehalt gegen uns. Wir überlegten, was wir hätten anders machen können. Eigentlich nichts. Der Kollege, der sie operiert hatte, war zwar enttäuscht und hatte gehofft, dass sie nach der erfolgreichen OP vielleicht ihren Panzer ablegen würde. Aber auch wenn sie es nicht tat, waren wir uns einig, dass wir jederzeit wieder so handeln würden. Wir hätten nicht sagen können: Tut uns leid, wenn Sie nicht unterschreiben wollen, dann gehen Sie halt wieder. Sie hätte die Nacht möglicherweise nicht überlebt. Also haben wir unser Gekränktsein hintenangestellt und darauf verzichtet zu sagen: Wenn Sie von einem Farbigen nicht operiert werden wollen, bitte sehr, es ist ja Ihr Tod.

Sie hatte eine Abneigung gegen uns aufgrund eines Merkmals, an dem wir nichts ändern konnten. Es ging nicht um sachliche Zweifel, die man noch als berechtigt hätte hinnehmen können. Sie fragte nicht etwa: «Sie kommen aus Aleppo, haben Sie überhaupt jemals einen Brustkorb geöffnet?» Vielleicht um abzuschätzen, ob der Arzt wirklich so kompetent wäre wie jemand, der schon seit 15 Jahren in der Charité operierte (abgesehen davon, dass der in Bad Neustadt in diesem Moment eh nicht zur Verfügung stand). Aber sie urteilte nur nach unserer Hautfarbe. Selbst wenn wir in der zweiten, dritten oder vierten Generation Deutsche gewesen und ein Elitegymnasium in München besucht hätten – ihre Reaktion wäre dieselbe gewesen.

Nützt also eine erbrachte Leistung, um Vorurteile abzubauen? Ja und nein. In den letzten Jahren habe ich festgestellt, dass ich mit meinem Beruf und mit meinem Titel deutlich mehr Chancen habe als mit meinem Namen und meinem Gesicht. Ob es um Kredite geht, eine Wohnungsvermietung oder Mitgliedschaften: Wenn die Menschen nur meine Hautfarbe oder meinen Namen sehen, habe ich in Deutschland nicht dieselbe Chance, als wenn sie sofort alle Infos bekommen, Herzchirurg, Doktortitel, Funktionsoberarzt et cetera. Es hängt sicher mit der Bewunderung der Deutschen für Mediziner zusammen, «Halbgötter in Weiß», aber nicht nur. Ich habe es zu einem sehr ehrenwerten Beruf gebracht, also kann es mit mir nicht so schlimm sein, auch wenn meine Hautfarbe einen anderen Eindruck erweckt. Das ist der Gedanke dahinter. Also ja, Leistung nützt.

Ich bin kein großer Fußballfan, dennoch sind mir die rassistischen Ausfälle bei der Europameisterschaft 2021 nicht entgangen. Die Engländer Marcus Rashford, Jadon Sancho und Bukayo Saka vergeigten ihre Elfmeter im Finale gegen Italien. Das war bedauerlich. Und man versteht, dass die Fans ihrer Enttäuschung Ausdruck verliehen. Allerdings ist es erschütternd, in welcher Weise etliche von ihnen das taten. Alle drei Spieler sind dunkelhäutig, und genau darauf bezogen sich viele «Kritiker» vor allem in den sozialen Medien. Posts waren mit Bananen- und Affensymbolen garniert, verbunden mit der Aufforderung, nach Afrika zu verschwinden. Rashford ist in Manchester geboren, Sancho und Saka in London. Alle drei sind Briten, sonst wären sie ja gar nicht in der Nationalmannschaft. Aber das spielte keine Rolle. Wer sie kränken wollte, schickte sie verbal nach Afrika, dahin, wo sie angeblich herkamen. Die rassistischen Anfeindungen gegen die drei nahmen derartige Ausmaße an, dass sich sogar Premier Boris Johnson einschaltete und die Übergriffe verurteilte.[9]

Ein anderes Beispiel: Romelu Lukaku, in Antwerpen geboren, Belgier und einer der besten Fußballspieler der Welt, sagte in einem Interview mit *The Players Tribune*: «Wenn es gut bei mir läuft, nennen sie mich in den Zeitungen ‹Romelu Lukaku, der belgische Stürmer›. Wenn es schlecht läuft, heißt es ‹Romelu Lukaku, der belgische Stürmer kongolesischer Herkunft› ... Wenn jemand meinen Stil nicht mag, o. k. Aber ich bin hier geboren. Ich wuchs in Antwerpen auf, in Lüttich und in Brüssel ... Ich kann einen Satz auf Französisch beginnen und auf Holländisch beenden, außerdem noch ein paar Wörter Spanisch oder Portugiesisch oder Lingala einstreuen, je nachdem, in welchem Viertel ich gerade bin. Ich bin Belgier. Wir *alle* sind Belgier. Das ist es doch, was dieses Land so toll macht, oder?»[10] Ja, das macht das Land toll. Aber wer schwarz ist, sollte offenbar auch in einem tollen Land wie Belgien besser keine Fehler machen, weil das nicht als momentane Schwäche, Fehleinschätzung oder Pech ausgelegt wird, sondern auf die Hautfarbe und vermeintliche Herkunft zurückgeführt wird. Wer schwarz ist und Fehler macht, gehört nicht dazu. Einen weißen Menschen bezeichnet man vielleicht vorübergehend als einen Versager oder Idioten, der mit zwei linken Füßen ausgestattet ist – einen Dunkelhäutigen hält man für einen Afrikaner.

Mesut Özil, Gelsenkirchener, hat es in seiner Zeit als deutscher Nationalspieler ähnlich empfunden: «Ich bin Deutscher, wenn wir gewinnen. Und Immigrant, wenn wir verlieren.»

Karim Benzema, Franzose aus Lyon: «Treffe ich, bin ich Franzose. Treffe ich nicht, bin ich Araber.»

Zusammengefasst: Wenn du gut bist, vereinnahmen sie dich als Sohn der Nation, wenn du schlecht bist, warst du es persönlich, du als Fremder. Das Lob und die Akzeptanz aufgrund von Leistung wären demnach immer nur eine Momentaufnahme. Das würde bezogen auf mich bedeuten, dass es nach einer erfolgreichen OP durch mich heißt: Guck mal, was wir aus dem gemacht haben. Bei einer misslungenen OP wäre ich der ausländische Nichtskönner. Es ist mir zum Glück noch nicht passiert, aber ich kann mir gut vorstellen, dass es so wäre.

Die Crux besteht darin, dass es wahrscheinlich keinen anderen Weg gibt, als dennoch Leistung zu bringen. Jeder muss das, ob schwarz oder weiß. Solange keine Fehler passieren, sieht auch alles ganz prima und gleichberechtigt aus. Aber es ist für niemanden möglich, auf Dauer eine fehlerfreie Leistung zu erbringen. Je nach Hautfarbe des Verursachers wird dann anders geurteilt oder erklärt. Macht ein Weißer etwas falsch, heißt es vielleicht: Der Blödmann hat nicht zugehört. Ich hatte ihm genau gesagt, wie er's machen soll. Aber bei einem Schwarzen heißt es: Der versteht halt doch nicht, wie wir ticken.

Vieles, was bei oberflächlicher Betrachtung normal wirkt, funktioniert tatsächlich nur in ruhigen harmonischen Situationen. Sobald ein bisschen Stress ins Geschehen kommt, wird alles anders. 2020 veröffentlichte ich das Buch «Der verlorene Patient», in dem ich die Missstände im Gesundheitswesen anprangerte. Spiegel online brachte einen langen, zustimmenden Artikel darüber. Als ich mir die Kommentarspalte durchlas, fielen mir sofort die Anmerkungen auf, die nichts mit dem Thema zu tun hatten. «Wo hat der denn studiert?», «Warum mischt er sich in unserem Land ein? Er soll sich um sein eigenes Land kümmern!», «Warum nehmt ihr uns den Arbeitsplatz weg?» (sehr lustig, wenn man die Auswanderung deutscher Ärzte etwa in die Schweiz bedenkt).

Das ist der Unterschied. Man muss als Dunkelhäutiger Leistung bringen, aber wenn es hart auf hart kommt, schützt sie nicht mehr.

## 25.
## Ein Mangobaum im Eichenhain

Im April 2018 erhielt ich eine Mail aus dem Sekretariat meines ehemaligen Chefs im UKE in Hamburg: Jemand aus dem Bundesinnenministerium habe sich gemeldet und wolle mit mir sprechen. Rein aus alter Gewohnheit bekam ich einen mittleren Schrecken. Kontakt mit Behörden des Innern waren früher immer mit Problemen verknüpft, etwa fehlenden Genehmigungen oder Bescheinigungen, abgelaufener Duldung und so weiter. Ich musste mich einen Moment sammeln, um mir klarzumachen, dass ich längst Deutscher war und mir das Innenministerium nicht mehr gefährlich werden konnte. Bald erfuhr ich, dass eine schöne Überraschung auf mich wartete: Ein Mitarbeiter erkundigte sich, ob ich mir vorstellen könnte, auf der Veranstaltung der Bundesregierung anlässlich des Gedenktags für die Opfer von Flucht und Vertreibung eine Rede zu halten. «Es wäre sehr bereichernd, wenn Sie dazu sprechen könnten. Maximal zehn Minuten. Darf der Innenminister Ihnen eine Einladung zukommen lassen?» Ich war total perplex! Und fühlte mich geehrt. Erst recht, als die Einladung tatsächlich kam. Bis dahin war ich immer noch nicht ganz sicher, ob das alles wirklich wahr wäre. Innenminister war damals Horst Seehofer, und seine Ansichten zur Flüchtlingspolitik waren nun gar nicht die meinen. Das konnte man aus meinen Büchern und Interviews unschwer entnehmen. Und ausgerechnet er lud mich ein?

Die überzeugten Linken in meinem Freundeskreis waren strikt dagegen, dass ich auf derselben Veranstaltung wie ein CSU-Minister aufträte. Ich fand das ein bisschen engstirnig. Der Gedenktag orientiert sich am Weltflüchtlingstag des UNHCR und findet am selben Tag statt. Insbesondere wird auch an die deutschen Vertriebenen erinnert, was für einige ein zusätzliches Reizthema war. Ich würde doch nur als Marionette hingestellt und für die Zwecke des Ministers eingesetzt, als Alibi benutzt. Das erschien mir absurd. Wir debattierten ausdauernd. Meine Ansicht lautete: Ich kann nicht stets für den Dialog werben und ihm dann selbst ausweichen, wenn es mal schwieriger aussieht als üblich. Überzeugungsarbeit zu leisten ist keine Kunst, wenn alle dasselbe denken, hingegen dort besonders sinnvoll, wo andere Meinungen als meine vorherrschen. Ich sagte also zu.

Der zuständige Ministeriumsmitarbeiter wollte die Rede vorab sehen. Das sei so üblich. Das Problem bestand allerdings darin, dass ich meine Reden nie aufschreibe. Ich mache mir nur Notizen und rede dann frei. «Tut mir leid, das geht aber dieses Mal nicht. Wir müssen das vorher im Stab überprüfen, damit es keine Missverständnisse gibt.» So, so, Missverständnisse ... Ich schrieb auf, was mir einfiel, sandte es dem Mitarbeiter zu und damit war die Sache geregelt.

Ich weiß nicht, ob dies das gängige Vorgehen ist. Damals gab es, wenn vielleicht auch keine Krise, so doch handfeste Meinungsverschiedenheiten zwischen Angela Merkel und Horst Seehofer in Bezug auf die deutsche Flüchtlingspolitik. Vielleicht wollte man deshalb sichergehen, dass ich keine politischen Bömbchen werfen würde. Kurzzeitig sah es wegen der Zwistigkeiten zwischen Merkel und Seehofer sogar so aus, als ob er der Veranstaltung fernbleiben würde, weil sie kommen würde. Dann entschied er sich glücklicherweise doch, teilzunehmen. Ich fand das gut. Natürlich wollte ich indirekt Merkels Position unterstützen. Aber das war für mich nicht das Ausschlaggebende. Wichtig erschien mir, eine Botschaft zu übermitteln und Denkanstöße zu geben. Ich halte Horst Seehofer nicht für einen schlechten Menschen. Ich glaube nur, dass es ihm, wie manch anderen, an Empathie für Flüchtlinge fehlte. Und dass er deshalb Entscheidungen traf, die ich für falsch halte.

Ich weiß nicht genau, wie viele Teilnehmer insgesamt im Schlüterhof des Deutschen Historischen Museums in Berlin anwesend waren, auf jeden Fall waren bedeutende Persönlichkeiten darunter. In der ersten Reihe saßen Angela Merkel und Horst Seehofer, außerdem der Vertriebenenbischof der Deutschen Bischofskonferenz, Weihbischof Gerhard Pieschl, der Präsident des Bundes der Vertriebenen, Bernd Fabritius, der Bundesratspräsident, damals der Regierende Bürgermeister von Berlin Michael Müller, Bundeslandwirtschaftsministerin Julia Klöckner und andere. Etliche Staatssekretäre und Bundestagsabgeordnete quer durch die Fraktionen waren anwesend, längst nicht alle kannte ich mit Namen. Ich war ziemlich aufgeregt. Ich, der ehemalige Flüchtling, der um ein Haar abgeschoben worden wäre, stand vor diesen Menschen und erzählte ihnen eine Fluchtgeschichte – meine Geschichte vom Ankommen und Bleibenkönnen.

Anfangs war ich ein wenig verspannt, aber dann kam ich in den Fluss, redete weitgehend frei und schaute kaum noch auf meine Notizen. Ich war beflügelt von der Situation und dem Eindruck, dass die Anwesenden wirklich hören wollten, was ich ihnen zu erzählen hatte. Ich gebe die Rede hier wieder, weil sie den Kern dessen enthält, was mich ausmacht, wie ich denke und was ich möchte.[11]

*«Sehr geehrte Frau Bundeskanzlerin Merkel, sehr geehrter Herr Innenminister Seehofer, vielen Dank. Vielen Dank, dass ich heute hier sein darf, um den Menschen eine Stimme zu geben, den Flüchtlingen, die nicht in der Lage sind, unsere Sprache zu sprechen, weil sie es noch nicht gelernt haben. Weil sie vielleicht nicht in der Lage sind, ihre Geschichte zu erzählen, weil sie so traumatisiert sind, dass sie sie erst noch verarbeiten müssen. Ich erzähle euch eine von vielen Geschichten, meine Geschichte.*
*Ich bin als ein Kind von fünf Kindern in einer Familie der tamilischen Minderheit im Norden von Sri Lanka geboren worden. Schöne Erinnerungen. Ich kann mich an die Schulwege erinnern, habe mit meiner Großmutter auf den Feldern gearbeitet. Nicht zu vergessen: der Tempelbesuch mit meiner ganzen Familie. Wunderschöne Bilder. Als ich fünf Jahre alt war, begann der Bürgerkrieg in Sri Lanka. Schrecklich. Ständig das Haus verlassen, immer bei Fremden zu Hause und doch nicht ganz zu Hause zu sein. In der Nacht aufstehen und in den Bunker, den man selbst gebaut hat. Ich habe die sechste Klasse noch beendet. Meine Schwester ist krank geworden. Heute weiß ich, dass sie eine Niereninsuffizienz hatte. Im Bürgerkrieg war es nicht möglich, die Therapie, die sie damals brauchte, zu bekommen. Sie ist mit zwölf Jahren verstorben.*
*Nachdem ich die sechste Klasse beendet hatte, konnte ich nicht mehr zur Schule gehen. Die Lehrer kamen nicht, aus Angst, dass sie auf dem Weg sterben könnten. Eltern haben*

*ihre Kinder nicht zur Schule schicken wollen, weil sie
Angst hatten, dass die Kinder auf dem Weg verloren gehen
könnten. Ich stand am Straßenrand und habe Obst und
Gemüse verkauft, war elf Jahre alt, habe das Geld für die
Familie verdient. Als ich zwölf Jahre alt wurde, fragte mich
meine Mutter: ‹Kind, würdest du nach Deutschland gehen?›
Meine Frage: ‹Kann ich dort zur Schule gehen?› Sie sagte:
‹Ja.› Ich bin vom Norden Sri Lankas nach Colombo gebracht
worden, drei Tage dauerte die Reise. Meine Mutter hat für
mich einen Schlepper gefunden, der mich binnen fünf Tagen
nach Deutschland bringen sollte. Sie hat ihm sehr viel Geld
bezahlt – das Grundstück verkauft, das sie von den Großeltern bekommen hatte, Geld von meinem Onkel ausgeliehen,
der in Hamburg lebte.*

*Am 6. Januar 1991 stand meine Mutter vor mir, ging auf die
Knie und sagte Tschüs. Erst in diesem Moment wurde mir
bewusst, dass meine Mutter gar nicht mitkommen würde,
dass ich allein auf die Reise gehe. Ich habe geweint, ich habe
geweint. Ich durfte nicht weinen. Weil der Unterhändler,
der Schlepper sagte: ‹Wenn du weinst, dürfen wir dich nicht
mitnehmen. Das kann am Flughafen gefährlich sein.› Ich
habe drei Versprechen meiner Mutter abgegeben: ‹Trink
niemals Alkohol. Rauche nicht. Wenn du wiederkommst,
komm als Arzt zurück.›*

*Ich flog am 6. Januar 1991 los über Singapur nach Dubai,
von dort nach Togo, nach Ghana und wieder über Togo nach
Benin, weiter über Nigeria, dann in der Nacht vom 9. auf
den 10. September 1991 über Spanien nach Frankfurt. Ich
kam an als minderjähriger unbegleiteter Flüchtling, mit
13 Jahren, nach acht Monaten Odyssee. Ich kam in ein
Kinderheim, einen Tag später kam mein Onkel aus Ham-*

*burg und hat mich abgeholt, einen Vormundschaftsantrag für mich gestellt. Ich bin in Hamburg zur Schule gegangen, habe dort Deutsch gelernt. In der neunten Klasse wurde ich Klassensprecher, im selben Jahr auch Schulsprecher. Ein paar Wochen später bekam ich den Abschiebebescheid. Ich war verzweifelt.*

*Ein kleiner Mangobaum mit kleinen Wurzeln, den man aus Sri Lanka hierhergebracht hat. Man pflanzt ihn ein. Dieses Bäumchen möchte wachsen. Es braucht neue Wurzeln. Es entstehen neue Wurzeln. Diese Wurzeln werden zerrissen. Ich war verzweifelt. Oft habe ich als Kind die Kontrolle nicht verloren. Doch an diesem Tag schon. Ich stand auf dem elften Stock unseres Hochhauses in der Siedlung im Hamburger Osten. Ich wollte springen. Heute bin ich glücklich und dankbar, dass ich hier bin. Ich habe an meine Mutter gedacht. An all die Opfer der Menschen, die einen Beitrag geleistet haben, dass ich hier bin, in meinem neuen Zuhause. Am nächsten Tag ging ich zur Schule und habe meine Geschichte allen erzählt, dem Klassenlehrer, den Klassenkameraden. Alle haben mir geholfen. Dafür liebe ich Hamburg. Dafür liebe ich Deutschland. Ich durfte mein Abitur zu Ende machen. Mein Klassenlehrer hat für mich die Bürgschaft übernommen. Ich durfte in Lübeck Medizin studieren. 2006 habe ich das Buch ‹Allein auf der Flucht› geschrieben. Warum? Ich finde, es ist wichtig, dass ich mich, wenn ich als Fremder in ein Land komme, vorstelle. Dass die Menschen in unserem Land verstehen: Warum habe ich meine Heimat verlassen? Wie ist der Weg zu uns? Ich habe über hundert Lesungen gemacht, um verständlich zu machen, warum Menschen ihre Heimat verlassen. 2008 habe ich mein Studium bestanden, bin Arzt geworden. Ich bin geprägt von*

*den Worten meiner Mutter beim Besuch von Ärzten, es war immer eine Odyssee im Krieg, wenn sie stundenlang mit dem kranken Kind wartete – meiner Schwester. Ich habe ihr Flüstern im Ohr: ‹Wie schön das wäre, wenn wir einen Arzt in der Familie hätten.› Ich hab's nie vergessen.*
*Im selben Jahr, 2008, erhielt ich endlich die Anerkennung als deutscher Staatsbürger. Ich habe dafür gekämpft. Ich war längst ein Teil unserer Gesellschaft. Ich fühlte mich nicht fremd. Niemand war mir fremd. Ich war in meinem neuen Zuhause, habe es groß gefeiert im Garten meines früheren Klassenlehrers, für mich mein deutscher Vater, Lorenz Köhler, dem ich das erste Buch gewidmet hatte. Meine Eltern haben alles dafür getan. Nach dem Tod meiner Schwester wollten sie kein Kind mehr sterben sehen. Alle Kinder wurden weggeschickt. Meine Schwester nach mir lebt in Kanada, die danach in London, mein Bruder in New York. Fünf Nationalitäten, ich bin natürlich deutscher Staatsbürger. Meine Eltern sind auf Sri Lanka geblieben. Die Träume gehen weiter, wenn man seine Ziele erreicht hat. Ich träumte davon, ein Herzchirurg zu werden. Ich arbeitete während meines Studiums zuerst als Tellerwäscher, habe dann bei McDonald's Burger verkauft, war sechs Jahre in der Pflege in der Herzchirurgie. Ich fand die Herzchirurgie immer cool. Ich wollte auch so cool sein. Also war mein Traum, Herzchirurg zu werden. Ich habe über siebeneinhalb Jahre in Hamburg in der Herzchirurgie gearbeitet, war Assistentensprecher, war im Betriebsrat, saß mit Montgomery im Ärzteparlament. Nach siebeneinhalb Jahren auf meine Frage, wann ich richtig ausgebildet werde, die Antwort: ‹Für Sie ist das schon ausreichend, wo Sie sich gerade befinden.› Ich finde es wichtig, dass man sich diplomatisch*

*verhält. Ich finde es wichtig, dass wir miteinander sprechen. Ich finde es wichtig, dass wir Kompromisse schaffen. Jede Beziehung besteht aus Kompromissen. Aber ich darf mich nicht brechen lassen. Dann verliere ich mich. So bin ich nach Bayern gegangen. Ich lebe in Bayern, und ich bekomme nächstes Jahr meinen Facharzt als Herzchirurg.*
*Ich wollte nie das Opfer sein, das Opfer von Diskriminierung wegen meiner Hautfarbe oder wegen meiner sexuellen Orientierung. Nein, ich wollte immer als Sieger rauskommen. Ich habe im weiteren Verlauf dieses Buch geschrieben, ‹Der fremde Deutsche›. Warum eigentlich? Ich fühle mich gar nicht fremd in unserem Land. Es wäre völlig normal, wenn ein blonder Blauäugiger in Sri Lanka auftaucht, der behauptet: ‹Ich bin ein Sri Lanker›, und die Leute fragen: ‹Wie? Du bist ein Sri Lanker?› In Deutschland ist das auch manchmal so. Wenn ein Dunkelhäutiger sagt, er kommt aus den USA, hinterfragen wir das nicht. Es ist völlig in Ordnung, dass Menschen hinterfragen. Die Menschen meinen das gar nicht böse, wenn sie mich fragen: ‹Wo kommen Sie denn richtig her?› Zu 99 Prozent ist das positiv gemeint, reine Neugier. In zwanzig, dreißig Jahren wird das vielleicht nicht mehr der Fall sein.*
*Menschen, die so aussehen wie ich, dürfen nicht als Fremde gesehen werden. Aber wir dürfen nicht auf die Zeit warten. Wir müssen die Zeit nutzen. Das heißt, wir müssen den Dialog mit den Menschen, die zu uns kommen, fördern. Wir möchten miteinander sprechen und miteinander leben und nicht nebeneinander. Ich möchte jetzt, als ehemaliger Flüchtling und als deutscher Staatsbürger, den Dialog zwischen den Menschen, die zu uns kommen und sich heute als Fremde fühlen, und unserer Gesellschaft fördern, damit*

*diese Menschen in Zukunft, vielleicht in zwanzig Jahren, so wie ich stolz darauf sind, als Bürger dieses Landes bezeichnet zu werden.*
*Ich bin als ein kleines Bäumchen, als Mangobäumchen, hierhergebracht worden. Schaut mich an, ich sehe immer noch aus wie ein Mangobaum, ein großer. Ein Mangobaum kann niemals eine deutsche Eiche werden. Aber habt ihr meine Wurzeln gesehen? Nein. Die kann man von außen gar nicht sehen. Ein Baum wächst nicht ohne neue Wurzeln. Meine Wurzeln sind in Deutschland entstanden. Ich habe viel gegessen, ich habe das Wasser hier bekommen. Ich habe den Schutz, die Geborgenheit in unserer Demokratie, in einem christlich geprägten Land bekommen. Es ist jetzt auch meine Pflicht, dafür zu sorgen, dass dieses wunderbare, christlich geprägte Land die Menschlichkeit nicht verliert. Ich bin nicht freiwillig Flüchtling geworden. Aber ich bin freiwillig nach Deutschland gekommen. Weil es so schön ist, in einem Land zu leben, wo Demokratie herrscht, wo wir auf Grundgesetze achten. Wir dürfen niemals zulassen, dass unsere Grundwerte gefährdet werden [Applaus von allen]. Ich möchte unseren Dialog fördern als stolzer deutscher Staatsbürger. Lasst uns brüderlich mit Herz und Hand zusammenarbeiten. Ich überreiche symbolisch mein Buch ‹Der fremde Deutsche› unserem Bundesinnen- und Heimatminister und natürlich unserer Kanzlerin, Frau Merkel. Danke schön.»*

Mit ein bisschen wackeligen Beinen ging ich zu meinem Platz zurück. Horst Seehofer war sichtlich beeindruckt und schüttelte mir die Hand. Dann war Angela Merkel als Rednerin an der Reihe. Nachdem sie die Anwesenden begrüßt hatte, wandte sie sich mit einem herzlichen Lächeln direkt an mich: «Lieber Herr Arunagirinathan, das war eben eine berührende Rede, ein berührender Beitrag, den Sie uns gezeigt haben. Und ich will Ihnen sagen: Unter den vielen Eichen, Tannen und Fichten freuen wir uns über den Mangobaum mit den Wurzeln.»

# 26.
# Träume

Dass ich so überzeugt von meinen kräftig gewachsenen deutschen Wurzeln war, lag auch an meinem ersten Besuch in Sri Lanka. Nach sage und schreibe 23 Jahren reiste ich zum allerersten Mal nach meiner Flucht in mein Geburtsland. Der Anlass war traurig: Mein Vater war gestorben. Als ältester Sohn war ich nach hinduistischem Gebot verpflichtet, ihm die letzte Ehre zu erweisen, indem ich das Feuer für die Verbrennung seiner Leiche entzündete. Meine Geschwister und meine Mutter erwarteten das von mir, mein Vater hätte es ebenfalls gewollt. Ich hatte ihn nach meiner Flucht nur ein einziges Mal wiedergesehen, und zwar unter nicht optimalen Umständen bei meiner Schwester in London. Das war acht Jahre her. Ich machte mir Vorwürfe, dass ich meine Eltern nie besucht hatte. Jetzt war es zu spät. Aber hätte ich es überhaupt gekonnt? Ich glaube nicht. Die Angst war stärker. Der Krieg, die Angriffe, das Durcheinander nach einem Beschuss – die Erinnerung an all das hielt mich ab, in mein Geburtsland zurückzukehren.

Doch wie sehr ich mich auch fürchtete, ich hatte keine Wahl. Ich musste meine Angst bezwingen, die Unsicherheit, ob ich der Aufgabe gewachsen sein würde. Als Familie waren wir das erste Mal seit meiner Flucht wieder in Sri Lanka zusammen. Einige Mitglieder kannte ich überhaupt nicht, etwa die Frau meines Bruders. Ihr Vater war der Fahrer des Lastwagens gewesen, der uns damals von Jaffna nach Colombo gebracht hatte. Ich fügte mich in alle Aufgaben, machte alles mit, erfüllte die Vorschriften des komplizierten Rituals, empfing zur Trauerfeier die Geschwister meines Vaters mit ihren Familien sowie die rund vierhundert Gäste.

Es war gut, dass ich in mein Geburtsland zurückkehrte. Es war gut, dass ich als Deutscher zurückkehrte. Der deutsche Pass war mein Verbündeter. Mit ihm konnte ich die Angst in Schach halten. Nicht dass ich daran gezweifelt hätte, aber die Reise verdeutlichte mir noch einmal, woher ich kam – und wohin ich nun gehörte. Als ich nach Deutschland zurückflog, kehrte ich heim. Mein Zuhause ist in Hamburg. Der deutsche Philosoph Odo Marquard hat gesagt: «Zukunft braucht Herkunft». Er meinte damit nicht eine genealogische Abstammung. Sondern dass wir in unserer begrenzten Lebenszeit nicht alles stets von Grund auf neu gestalten können. Zu unserer Identität gehöre das Bewusstsein der eigenen Geschichte, «es bleibt dann noch die Chance, unsere Herkunftshaut neu zu verstehen und dadurch ihr gegenüber geistig frei zu werden, obwohl wir aus ihr nicht herauskönnen».[12]

Mir leuchtet das unmittelbar ein. Ich verleugne meine Herkunft nicht, man sieht sie mir ja auch an. Dennoch lag meine Zukunft damals, als ich die Flucht antrat, in Deutschland. Und aus der Zukunft wurde gelebte Gegenwart. Es war das Allerbeste, was mir passieren konnte. Deutschland war die Chance auf eine Zukunft, von der ich in Sri Lanka nicht einmal hätte träumen können.

Ich musste dafür kämpfen, dass es so kam. Nicht einen Augenblick habe ich daran gezweifelt, dass es ein großes Glück war, in Deutschland zu leben und zu lernen. Und ich habe alles nur Mögliche dafür getan, dass ich bleiben konnte. Viele, viele

Menschen haben mir geholfen, ohne sie hätte ich es nicht geschafft. Die Voraussetzung war mein Wille, mich zu integrieren und Teil dieser Gesellschaft zu werden.

Ich möchte meine Geschichte nutzen, um Flüchtlinge und Menschen mit Migrationsgeschichte und auch Biodeutsche zu ermutigen und sie aufzufordern, ihren Beitrag zu leisten – zur Integration und für eine lebendige deutsche Gesellschaft. Ich bin außerdem froh, dass ich als schwarzer Mensch und ehemaliger Flüchtling Kritik äußern kann über jene, die zu uns kommen und sich nicht integrieren wollen, sondern lediglich profitieren möchten. Immer wieder erstaunt mich, welche Erwartungs- und Empfängerhaltung manche Menschen gegenüber Deutschland einnehmen. Wie wenig einige bereit sind, selbst Verantwortung zu übernehmen. Mein syrischer Untermieter in Bad Neustadt war in dieser Hinsicht vielleicht exemplarisch, auch wenn er als Flüchtling sicher andere Voraussetzungen mitbrachte. Er war unzufrieden mit seiner Situation und wollte unbedingt eine eigene Wohnung. Wer zahlt das? Deutschland. Wer ist das? Frau Merkel. Das war die komprimierte Formulierung dafür, dass der Staat für alle seine Bedürfnisse aufkommen würde. Manche Menschen scheinen zu verlangen, dass eigens eine Welt für sie geschaffen wird. Aber das ist weder möglich noch richtig.

Zweifellos ist es so, dass falsche «Erzählungen» vom Schlaraffenland Europa in armen, zerrütteten Ländern im Umlauf sind und solche Vorstellungen befeuern. Sie werden von den Schleppern gefördert, weil sie Teil ihres Geschäftsmodells sind. Dennoch ist es so, dass wir die wirtschaftlichen und gesellschaftlichen Probleme, die in anderen Ländern durch Korruption, politisches Versagen und die hemmungslose Bereicherung der Eliten herrschen, nicht für diese Gesellschaften lösen können. Regierungs- und Nichtregierungsorganisationen zahlreicher Länder bemühen sich seit Jahrzehnten darum, Abhilfe zu schaffen. Das krankt jedoch an vielem. Die neue Bundesregierung hat angekündigt, die Einwanderungspolitik auf eine neue systematische Basis zu stellen, Einwanderung zu vereinfachen und auch einen sogenannten Spurwechsel zu ermöglichen, also den Übergang von einem Asylstatus zu einer echten Bleibeperspektive für qualifizierte Flüchtlinge zu schaffen. Wir werden sehen, was daraus wird. Ein Ansatz ist es auf jeden Fall.

Integration bedeutet, dass sich die Menschen nicht in Gruppen abschotten. Ich bin entschieden dagegen, dass Parallelwelten entstehen, Communities, in denen Menschen einer Nationalität beisammenhocken, dass es etwa Viertel gibt, in denen nur Menschen leben, deren Wurzeln in eine Nation zurückreichen, oder dass in manchen Bundesländern die Bildung arabischer Clans so lange geduldet wurde. Ich ärgere mich, wenn Gruppen von Jugendlichen mit Migrationsgeschichte auf der Straße herumpöbeln. Für Neuankömmlinge ist es natürlich schwer, sich in einer fremden Welt zurechtzufinden. Es ist anstrengend, man braucht Zeit, Hilfe und Förderung. Man muss vielleicht die schrecklichen Dinge verarbeiten, die einem unterwegs zugestoßen sind, gegen das Heimweh kämpfen und mit dem Zwiespalt klarkommen, hier zu sein und wieder zurückzuwollen. Aber mir fehlt jedes Verständnis dafür, wenn Menschen dreißig oder vierzig Jahre in Deutschland leben, ohne dass sie die deutsche Sprache gelernt hätten. Das ist nicht akzeptabel. Das ist eine Verweigerungshaltung, die schädlich für alle ist: für die Menschen selbst, für ihre Kinder und für Deutschland.

Es ist ein Teufelskreis, aus dem sie nicht herauskommen.

Sie müssen in dem engen Umfeld bleiben, in dem sie sich verständlich machen können. Zu Ärzten ihrer Sprache gehen, in «ihren Läden» einkaufen, Formulare von den Kindern oder Nachbarn ausfüllen lassen und so weiter. Sie schauen ihre Heimatsender, verkehren in der religiösen Gemeinde in ihrer Muttersprache, arbeiten in Geschäften oder Unternehmen, die von (ehemaligen) Landsleuten geführt werden. Der Bewegungsradius ist klein und bleibt es auch, weil ... ja, weil es schwer ist, heimisch zu werden, sich zum Neuen zu bekennen, wenn man keine Worte dafür hat, wenn die Sprache nicht erlernt wurde. Aber daran führt kein Weg vorbei.

Ich sehe auch keinen Nutzen darin, Angebote in anderen Muttersprachen einzurichten, etwa für den Führerscheinerwerb. Wofür? Wo bleibt da die Motivation, die Sprache des Landes zu lernen? Die Schlussfolgerung kann nur lauten: geht ja auch so. Doch das ist sehr kurz gesprungen. Für einen Job als Tellerwäscher oder Reinigungskraft: Ja, da geht es so. Aber für alles andere nicht. Und selbst wenn man keine Karriere machen will, besteht doch die Notwendigkeit, sich verständigen zu können. Wie oft erlebe ich, dass im Krankenhaus im Beratungsgespräch vor einem gravierenden Eingriff jemand vor mir sitzt, der meine Fragen nicht versteht. Vielleicht ist der Sohn oder die Tochter dabei und übersetzt. Wenn die Kinder sehr gut Deutsch sprechen, mag es gerade noch so gehen. Ist auch deren Wortschatz begrenzt, wird es schwierig. Auf jeden Fall erhalte ich nie einen O-Ton von dem Patienten. Und er nicht von mir. Ich habe keinerlei Kontrolle darüber, ob meine Aussagen richtig ankommen. Der Patient wiederum kann nie sicher sein, dass seine Angaben verstanden, geschweige denn die Zwischentöne wahrgenommen werden. Bestimmte Dinge äußert er vielleicht auch gar nicht, weil es ihm peinlich ist, wenn Dritte dabei sind, der Vater etwa vor der Tochter nicht über Intimes sprechen will. Noch schlimmer ist es bei einem unvorhergesehenen Ereignis, einem Unfall zum Beispiel. Dann müssen wir beim Personal jemanden suchen, der vielleicht gerade anwesend ist und übersetzen kann – mehr oder auch weniger gut.

Wenn wir die deutsche Sprache nicht als Gemeinsamkeit haben, fehlt uns ein, wenn nicht *das* entscheidende Element des Zusammenlebens. Wer die Sprache kann, ist in der Lage zu kommunizieren. Wer nicht sprechen kann, muss schweigen. Und je mehr man schweigt, desto stärker wächst auch das Gefühl, nicht gehört und nicht akzeptiert zu werden. Fatal ist: Dieses Gefühl trifft tatsächlich zu. Die Vorurteile der anderen wachsen, weil sie nichts von einem wissen, nicht an einen herankommen. Je schweigsamer einer ist, desto mehr wird er verurteilt. Der Raum, in dem er sich bewegen kann, wird immer kleiner.

In diesem Raum ist keiner mehr, der nicht im Wesentlichen so ist, wie man selbst. Aber die Welt besteht nun mal aus lauter anderen. Nicht nur aus Biodeutschen, sondern auch aus Menschen anderer Herkunft. Will man sie alle außen vor lassen? Versteht man die Vielfalt der Interessen in unserer Demokratie, wenn man die Sprache nicht versteht? Wenn ich mir die Runden anlässlich eines Geburtstags bei einem meiner Onkel anschaue: nur Tamilen. Bei mir: die große Vielfalt. Ich habe mal spaßeshalber geschaut, aus welchen Herkunftsländern meine Freunde stammen. Ich kam auf Deutschland, Syrien, Bosnien, Kroatien, Iran, Polen, Afghanistan, Tunesien, Griechenland, Türkei, Kurdistan, Philippinen, Italien, Norwegen, Schweden, USA, Sri Lanka, Frankreich, Brasilien, Albanien, Mexiko, Kolumbien, Spanien, Israel, Niederlande,

Portugal, Ägypten, Irak, Indien, Malaysia, Australien, Ghana, Pakistan, Irland. Die Deutschen sind in der Mehrheit. Einige haben die doppelte Staatsangehörigkeit. Nicht alle leben hier in Deutschland.

Widerspricht ein so gemischter Freundeskreis meiner Aussage, dass ich sehr deutsch geworden bin? Nein, im Gegenteil. Es zeigt vielmehr, was hier möglich ist, wie sehr uns eine grundsätzliche Übereinstimmung in Bezug auf die deutsche Sprache und die gelebten Werte dieses Landes verbindet. Sie sind im Grunde der gemeinsame Nenner. Keiner meiner Freunde lebt in der Community seiner Herkunftsnation. Das befähigt sie, sich mit anderen zu verbinden, die Vielfalt als zusammenhängendes Bild wahrzunehmen und sich an der Gestaltung dieser Gesellschaft zu beteiligen.

Langsam, ganz langsam, geht es in der Politik und der öffentlichen Verwaltung voran. Immer häufiger sehen wir auch auf Bundesebene verschiedene Hautfarben, besetzen Menschen mit Migrationsgeschichte Positionen, in denen sie viel bewirken können.

Oft hört man die Forderung – meiner Wahrnehmung nach gern von engagierten Biodeutschen –, dass sie doch dort etwas für «ihre Leute» tun könnten. Das tun sie allein schon dadurch, dass sie überhaupt wahrgenommen werden. Aber was sollen sie darüber hinaus für sie leisten? Muss man Integrationsbeauftragte werden, nur weil man Gülin heißt? Oder als Achmed im Ausländeramt arbeiten? Genauso, wie früher Frauen immer gleich als Frauenbeauftragte oder Familienministerin gesehen wurden? Es ist gut, wenn in der Politik, in Ämtern, in der Öffentlichkeit generell Menschen mit direkten oder indirekten Erfahrungen anderer Herkunft vertreten sind. Doch letztlich darf es nie darum gehen, sie nur deswegen zu wählen oder sie in ihrer Lebensgestaltung ausschließlich auf diese Erfahrungen zu reduzieren.

Überzeugend und im Sinne des repräsentativen Prinzips unserer Demokratie ist es, wenn Menschen wie ich, Menschen mit nicht deutschen Wurzeln, dieselben Chancen haben, ihre Talente und ihre Kompetenz selbstverständlich in den Dienst *aller* Deutschen zu stellen. Deshalb freue ich mich, wenn ein «anatolischer Schwabe» wie Cem Özdemir (Bündnis 90 / Die Grünen) Minister für Ernährung und Landwirtschaft wird. Oder der in Kamerun geborene Unternehmensberater Armand Zorn (SPD) im Bundestag ordentliches Mitglied des Finanzausschusses ist. Oder Bijan Djir-Sarai (FDP), der in Teheran geboren wurde, als außenpolitischer Sprecher seiner Fraktion wirkte. Bei der Pressekonferenz anlässlich seiner Nominierung zum Generalsekretär seiner Partei konterkarierte er an prominenter Stelle ganz locker die üblichen Erwartungen, als es um seine Herkunft ging. «Ich bin Bijan Djir-Sarai, 45 Jahre alt, verheiratet, zwei Kinder, und – Sie merken es an meinem Namen und meinem Akzent – ich komme aus Nordrhein-Westfalen.»[13] Das gefällt mir!

Auch in der Wirtschaft gibt es kleine Fortschritte, der Anteil von Menschen mit Migrationsgeschichte, die ein Unternehmen gründen, wächst. Allerdings sind über 60 Prozent Soloselbstständige[14], sie arbeiten beispielsweise als Änderungsschneider oder haben einen Kleinbetrieb in der Gastronomie. Gründer großer Unternehmen sind selten. Den meisten fallen inzwischen wahrscheinlich Uğur Şahin und Özlem Türeci ein, die Gründer von BioNTech, die unter anderem einen Impfstoff gegen Covid-19 entwickelten. Sie beschäftigen über 2000 Mitarbeiter.[15]

Dass es nicht mehr Unternehmer mit Migrationshintergrund gibt, hängt offenbar vor allem mit dem Qualifikationsniveau zusammen. In einer Studie der Bertelsmann Stiftung heißt es: «Neben anderen Faktoren scheint vor allem die Bildungspolitik der Länder gefragt: Eine Verbesserung des Qualifikationsniveaus der Bevölkerung mit Migrationshintergrund könnte nicht nur zu mehr Unternehmertum in dieser Bevölkerungsgruppe beitragen, sondern würde auch helfen, den wirtschaftlichen Beitrag und den wirtschaftlichen Erfolg der Unternehmer und Unternehmerinnen mit Migrationshintergrund substanziell zu steigern.»[16] Das bringt mich erneut darauf, wie wichtig die Beherrschung der deutschen Sprache ist und welch große Rolle die Schule für ihren Erwerb spielt. An der Gesamtschule in Hamburg-Mümmelmannsberg hatten zu meiner Zeit wahrscheinlich ungefähr 50 bis 60 Prozent der Schüler einen Migrationshintergrund, heute sind es eher an die 70 Prozent. Von Ägypten über Irak bis Vietnam sind wohl über 50 Nationen vertreten, dazu kommen etliche Deutsche, deren Wurzeln in anderen Ländern liegen. Die 160 Lehrerinnen und Lehrer sind alle deutsche Beamte oder Angestellte, die Wurzeln von knapp 20 Prozent reichen in andere Länder zurück. Das klingt nach nicht besonders viel, aber zu meiner Zeit waren es noch deutlich weniger.

Es ist gut, wenn die Kinder sehen, dass einer oder eine «wie sie selbst» es schaffen kann, eine Respektsperson zu werden, in Diensten des deutschen Staats zu stehen. Das spornt an, davon bin ich fest überzeugt. Gleichwohl gibt es noch viele Hürden zu überwinden, das weiß ich. Diese jungen Menschen werden im Laufe ihres Lebens mit Zurückweisungen kämpfen müssen. Sie werden bei der Wohnungssuche zu hören bekommen: Ich vermiete nicht an Ausländer. Sie werden es vielleicht schwerer haben, ein Konto zu eröffnen oder eine Mitgliedschaft im Fitnessstudio abzuschließen. Das Fremdsein mit deutschem Pass ist ein Zustand, gegen den man scheinbar nicht viel unternehmen kann. Aber aus eigener Erfahrung weiß ich, dass man doch etwas erreichen kann. Wenn ich auf Hindernisse stoße, bedeutet das ja nicht, dass ich in Deutschland nicht willkommen bin. Wenn ich mich bewerbe und einer sagt: Ich stelle keine Ausländer ein, heißt das ja nicht, dass ich nirgendwo Arbeit finden werde. Man könnte natürlich sagen, o. k., ich gebe auf, ich finde keine. Ich selbst habe früh lernen müssen, damit umzugehen, dass mir ein Nein entgegengehalten wird. Meine Erfahrung: Nach fünf Nein kommt auch einmal ein Ja. Manchem geht vielleicht schon vorher die Kraft aus, das verstehe ich. Nicht jeder ist in der Lage, mit solchen Zurückweisungen zurechtzukommen. Aber ich meine, man darf sich nicht auf die negativen Erlebnisse fokussieren.

Als ich noch ein Kind war, wusch ich mir oft sehr heftig das Gesicht und puderte es dann weiß, ein bisschen ungeschickt, aber mit großem Eifer. Ich sah aus wie ein Gespenst. Eine helle Hautfarbe gilt in Sri Lanka als schön. Je heller, desto besser. Ich war der Dunkelste in unserer Familie und wurde auch oft so genannt, «der dunkle Junge». Wahrlich kein Kompliment. Auch in anderen Ländern gelten die helleren Schattierungen der Dunkelhäutigen als schöner, und in vielen afrikanischen oder asiatischen Ländern sind die Regale von Drogeriesupermärkten voll mit Bleichcremes.

Nur: Es nützt nichts. Wir werden nicht weiß. Wir können an unserer Hautfarbe nichts ändern. Wer etwas ändern kann, das sind die Weißen. Indem sie sich so verhalten, dass wir keinen Grund mehr sehen, unsere Hautfarbe wechseln zu wollen oder zu müssen. Mal ehrlich, es ist doch absolut lächerlich, sich zu pudern oder mit Bleichmittel zu behandeln und zu glauben, dadurch würde sich substanziell etwas ändern. Genauso lächerlich ist es, wenn jemand glaubt, er sei aufgrund seiner hellen Hautfarbe ein substanziell anderer, ein Besserer.

Diese Quelle des rassistischen, vorurteilsbehafteten Alltagsverhaltens trockenzulegen – das hat jeder Einzelne in der Hand. Es braucht eine Prise Reflexion, ein Quantum Selbstkritik, etwas Aufmerksamkeit und eine ordentliche Portion Empathie. Wenn jeder dieses Rezept anwendete, kämen wir schon sehr weit. Mit einer individuellen Denk- und Verhaltensänderung könnte jeder bei sich selbst beginnen. Zum Beispiel, bei einem «ausländisch» klingenden Namen nicht automatisch anzunehmen: Das ist kein Deutscher. Oder sich die Mühe zu machen, auch einen komplizierten Namen zu lernen und richtig auszusprechen. Nicht von der Hautfarbe auf die Nationalität, den Bildungsgrad oder die berufliche Position zu schließen. Das kann jeder trainieren, dazu braucht es keine intellektuellen Höhenflüge oder Grundsatzentscheidungen.

Übrigens ist das ein Appell, der sich nicht nur an die Hellhäutigen richtet, auch Dunkelhäutige haben ihre festsitzenden Vorurteile gegenüber anderen. Ich nehme mich nicht davon aus, auch ich hege Vorurteile, an deren Auflösung ich arbeite. Auch hier gilt wieder: Einander begegnen und reden hilft! Ein Beispiel: Eine meiner Kolleginnen trägt Kopftuch, und ich ging automatisch davon aus, dass ich das Thema Homosexualität ihr gegenüber besser nicht anspreche. Wie sich herausstellte, eine vollkommen unzutreffende Voreingenommenheit. Sie ist absolut offen und mir gegenüber keinen Deut weniger herzlich, seit sie meine sexuelle Orientierung kennt.

Die politisch-gesellschaftlichen Rahmenbedingungen zu verbessern, in denen Vorurteile leichter überwunden werden können, ist unabdingbar. Wir ändern jedoch nichts, indem wir bestimmte Wörter als diskriminierend bezeichnen. Glaubt wirklich irgendjemand, ich würde mich als Dunkelhäutiger schlecht fühlen, wenn ich in der Straßenbahn lese, dass Schwarzfahren mit 60 Euro geahndet wird? Oder dass ich Probleme hätte, meinem Patenkind Kinderbuchklassiker wie «Jim Knopf» zu schenken? Oder dass es mir unangenehm ist, meine Medikamente in der Mohrenapotheke zu kaufen?

Wir ändern etwas, indem wir offen über die Probleme sprechen, auf die viele Neuankömmlinge und nicht integrierte Menschen mit ausländischen Wurzeln stoßen. Wir ändern etwas, indem wir klare Regeln aufstellen und sagen, was wir voneinander erwarten, welche Chancen wir bieten und welche Forderungen wir stellen. Das bedeutet unter anderem, dass uns nichts anderes übrig bleibt, als zu unterscheiden zwischen Schutzsuchenden und Menschen, die aus anderen Gründen hierherkommen wollen. Wir müssen unterscheiden, damit wir weiterhin denen helfen können, die aufgrund von Krieg und Verfolgung ihr Land verlassen müssen, sei es vorübergehend oder für immer. Das heißt, wir müssen das Asylsystem entlasten, sowohl organisatorisch als auch finanziell. Seit 2015 ist schon viel Positives passiert, 2019 wurde die Einwanderung von Fachkräften neu geregelt sowie ein neues Gesetz über die Duldung bei Ausbildung und Beschäftigung verabschiedet. Der große Wurf war es noch nicht. Aber ich hoffe, dass er noch kommt. Ich meine, vieles sollte einfacher und unkomplizierter werden, dafür muss auf der anderen Seite die Eigenverantwortung der Zuwanderer gestärkt werden.

Jeder Mensch, der nach Deutschland kommt, und ebenso jeder Mensch, der schon da ist, hat die Verpflichtung, das zu schützen, was uns ermöglicht, hier in Frieden und Freiheit zu leben. Der Staat ist der Ermöglicher, die Gestalter sind wir. Was uns verbindet, müssen wir selbst definieren und leben. Beim Duft einer Mango oder eines Currygerichts steigen in mir wunderbare Erinnerungen an meine tamilischen Wurzeln auf. Aber ich bin aus voller Überzeugung Deutscher, ich bin hier zu Hause. Es ist ein wunderbares Zuhause, ich liebe diese bunte Gesellschaft, die Farben, Religionen und Kulturen. Auf Sri Lanka könnte ich das niemals erleben. Den ersten Singhalesen lernte ich in Deutschland kennen, nicht in Sri Lanka, weil wir dort verfeindet sind. Toleranz ist etwas, das ich hier gelernt habe, nicht in meinem Geburtsland. Ich kann hier verkehren, mit wem ich will, auch mit Singhalesen. Ich kann mich hier zu meiner Homosexualität bekennen, dort nicht.

Ich bin gern Deutscher, weil ich mich mit unserer Verfassung und unseren Grundwerten identifiziere. Mir gefällt, dass wir ein soziales Land sind, dass wir Menschen, die nicht viel Geld haben, die Chance geben, teilzuhaben und zum Beispiel ein Studium aufzunehmen, dass sie im Krankheitsfall versorgt sind, ohne jemals einen Euro an die Krankenkasse gezahlt zu haben. Wir sind außerdem ein unglaublich freies Land. Jeder Einzelne kann tun und lassen, was er will. Wenn ich heute einen weltanschaulich offenen Blick habe, dann verdanke ich ihn Deutschland. Wäre ich in Sri Lanka geblieben, wäre ich mit vielen Vorurteilen aufgewachsen. Akzeptanz und Toleranz gegenüber Verschiedenheit ist eine spezifisch deutsche Erfahrung und Prägung für mich.

In den letzten Jahren verstärkt sich mein Eindruck, dass das Verständnis für diese großartigen Werte und für uns als Gesellschaft schwindet. Viele interessieren sich in erster Linie für das eigene Wohlgefühl, zu wenige interessieren sich für das große Ganze. Identitätspolitische Standpunkte helfen da nicht weiter, im Gegenteil. Sie tragen noch dazu bei, die Gesellschaft in immer kleinere Einheiten zerfallen zu lassen. Wir alle, jeder Einzelne muss wieder mehr Verantwortung für das große Ganze übernehmen. Das Wesen einer Gemeinschaft besteht darin, dass ihre Mitglieder Individuen sind, sie aber nicht getrennt voneinander leben. Daraus resultieren natürlich auch Spannungen, die austariert werden müssen. Die gemeinschaftliche Perspektive einer Gesellschaft lässt uns jedoch nicht nur genügend Raum für die Verwirklichung unserer persönlichen Ziele – sie ist sogar die Bedingung dafür, weil keiner von uns allein existenzfähig ist.

Diese Perspektive nenne ich die Grundfarbe Deutsch. Es ist meine Lieblingsfarbe. Weil sie jedem gut zu Gesicht steht, egal ob er weiß, braun, schwarz oder sonst wie ist. Weil sie jeder annehmen kann, egal ob Christ, Muslim, Hindu oder Atheist. Ich wünsche mir, dass diese Farbe kräftiger wird. Es ist vielleicht ein Traum. Aber wenn man sich anstrengt, können Träume in Erfüllung gehen. Ich weiß es, weil ich es selbst erlebt habe.

## Danksagung

Viele Menschen haben dazu beigetragen, dass ich der werden konnte, der ich heute bin, und in der Lage war, dieses Buch zu einem Thema zu verfassen, das mir sehr am Herzen liegt. Es ist nicht möglich, alle hier zu nennen, aber einige möchte ich doch aufführen.

Ein großer Dank gebührt meiner Koautorin Doris Mendlewitsch. Sie hat meiner Geschichte, meinen Gedanken und Ansichten zu Rassismus die richtigen Worte verliehen und ihnen eine Struktur gegeben. Jedes Buch, das ich bisher mit ihr gemeinsam verwirklicht habe, ist für mich eine Lehre. Ich freue mich auf zukünftige Projekte mit ihr.

Für die Liebe und Geborgenheit, die ich in meiner Kindheit auf Sri Lanka erhalten habe, danke ich meinen Großeltern, meinen Eltern und meinen wunderbaren Geschwistern. Einen ganz besonderen Dank schulde ich ohne Zweifel meinem Onkel und meiner Tante in Hamburg, die sich selbstlos um mich gekümmert und in der schwierigen Zeit nach meiner Ankunft in Deutschland begleitet haben.

Der Stadtteilschule Mümmelmannsberg und den Lehrkräften, die mich unterrichtet und gefördert und somit den Grundstein für meine Integration gelegt haben, danke ich besonders. Zu nennen ist hier unter anderem Marold Simon, der mir mit den gemeinsamen Ausflügen einen tiefen Einblick in die Landschaften und die Kultur Deutschlands vermittelt hat. Von ihm habe ich auch gelernt, «Moin» wie ein Hamburger zu sagen. Lorenz Köhler, der mit seinem Einsatz die Verantwortung eines Vaters für mich übernommen hat, bin ich zu tiefstem Dank verpflichtet. Ohne ihn hätte ich mein Medizinstudium nicht abschließen können und Deutschland verlassen müssen. Nach seinem Tod hat mich seine liebenswerte Familie als einen der Ihren aufgenommen. Dem jetzigen stellvertretenden Schulleiter Volker Krane sage ich Dank dafür, dass er sich Zeit genommen und mir die aktuelle Situation sowie die besonderen Projekte der Schule erläutert hat.

Der Stadt Hamburg und meinen Mitbürgern, der lokalen Presse sowie der Hamburger Morgenpost danke ich dafür, dass sie sich für mich so engagiert einsetzten, als ich abgeschoben werden sollte. Sie haben dazu beigetragen, dass ich bleiben konnte.

Familie Erxleben aus Sternberg verdanke ich sehr hilfreiche Einblicke in die deutsche Alltagskultur sowie eine tiefe, langjährige Freundschaft.

Meinen Freunden, die mir wie eine Familie sind, danke ich dafür, dass sie jederzeit und überall in meinem Leben dabei sind, mich unterstützen und mit ihrer Liebe bereichern.

Die beiden wichtigsten Männer in meinem Leben, meine Patenkinder Oskar und Lenni, liebe ich dafür, dass sie mich an ihrem Leben teilhaben lassen.

Ich bedanke mich herzlich bei meinem Chef, Professor Dr. Jens Garbade aus Bremen, für die Unterstützung meiner beruflichen Laufbahn.

Zu guter Letzt danke ich den deutschen Bürgerinnen und Bürgern sehr. Sie haben mich mit ihren Steuergeldern finanziert und mein Studium bezahlt. Ich freue mich, dass ich mit meiner ärztlichen Tätigkeit und mit meinen Büchern unserer Gesellschaft etwas zurückgeben kann.

# Quellenverzeichnis

Sofern nicht anders vermerkt, wurden alle Quellen zuletzt abgerufen am 13. Januar 2022.

1 Bilder und Informationen zum Kulturdenkmal «Villa Kastanienhain», später «Haus Waldfriede», Landesamt für Denkmalpflege Hessen, Kulturdenkmäler in Hessen, abrufbar unter: https://denkxweb.denkmal pflege-hessen.de/99874/
2 Bundesamt für Migration und Flüchtlinge (Hg.), Das Bundesamt in Zahlen 2015. Asyl, Migration und Integration, S. 21 f., abrufbar unter: https://www.bamf.de/SharedDocs/Anlagen/DE/Statistik/BundesamtinZahlen/bundesamt-in-zahlen-2015.pdf?__blob=publicationFile&v=16
3 Statistisches Amt für Hamburg und Schleswig-Holstein (Hg.), Hamburger Stadtteil-Profile, Berichtsjahr 2018, in: NORD.regional, Band 21, Hamburg 2019, abrufbar unter: https://www.statistik-nord.de/filead min/Dokumente/NORD.regional/NR21_Statistik-Profile_HH-2018. pdf
4 Birgit Wärnke, Julian Feldmann, Der Traum vom Umsturz. Neonazis und die Wende, in: Panorama – die Reporter, NDR, 2020, abrufbar unter: https://www.ndr.de/fernsehen/sendungen/panorama_die_reporter/Panorama-die-Reporter,sendung1066338.html
5 ISS Berlin, Schüler mit Migrationshintergrund. Schüler mit nicht deutscher Herkunft an Berliner Sekundarschulen (in %), abrufbar unter: https://www.sekundarschulen-berlin.de/migrationshintergrund
6 Universitäres Herz- und Gefäßzentrum Hamburg, Zahlen & Fakten, in: Qualitätsbericht anhand der Regelungen des Gemeinsamen Bundesausschusses zur Konkretisierung der besonderen Aufgaben von Zentren und Schwerpunkten gemäß § 136c Absatz 5 SGB V (Zentrums-Regelungen), UKE Hamburg, Hamburg 2019, abrufbar unter: https://www.uke.de/kliniken-institute/zentren/universitäres-herzzentrum-(uhz)/über-das-zentrum/zahlen-fakten/index.html

7 Astrid Bühren, Rollenvorbilder für Medizinstudentinnen und junge Chirurginnen, in: Ärztin. Zeitschrift des Deutschen Ärztinnenbundes e. V., Nr. 3, 12/2019, S. 5., abrufbar unter: https://www.aerztinnenbund.de/downloads/6/Aerztin_3.19_S.5-10.pdf

8 Statistisches Bundesamt (Hg.), Prüfungen an Hochschulen, Fachserie 11, Reihe 4.2, Prüfungsjahr 2020, S. 46

9 Niklaus Nuspliger, Rassismus-Debatte und neuer Nationalstolz. Wie die Engländer ihre tragische Wembley-Niederlage verarbeiten, in: Neue Zürcher Zeitung, 12. Juli 2021, abrufbar unter: https://www.nzz.ch/sport/em-final-englands-rassismus-debatte-nach-dem-penalty-fiasko-ld.1635134

10 Romelu Lukaku: I've Got Some Things to Say, in: The Players Tribune, 18. Juni 2018, Übersetzung Doris Mendlewitsch, abrufbar unter: https://www.theplayerstribune.com/articles/romelu-lukaku-ive-got-some-things-to-say

11 Gedenkstunde für die Opfer von Flucht und Vertreibung am 20. Juni 2018 [Video], Phoenix auf YouTube, 20. Juni 2018, abrufbar unter: https://www.youtube.com/watch?v=1eoOXkxK3K0

12 «Wir brauchen viele Götter», Odo Marquard im Gespräch mit Elke Schmitter und Mathias Schreiber, in: Der Spiegel 9/2003, abrufbar unter: https://www.spiegel.de/kultur/wir-brauchen-viele-goetter-a-f9272c2b-0002-0001-0000-000026448590

13 Statement Bijan Djir-Sarai, FDP [Video], YouTube, 20. Dezember 2021, abrufbar unter: https://www.youtube.com/watch?v=UE2xCvBVHhU, ca. Min. 5:20

14 Bertelsmann Stiftung (Hg.), Migrantenunternehmen in Deutschland zwischen 2005 und 2018. Ausmaß, ökonomische Bedeutung und Einflussfaktoren auf Ebene der Bundesländer, Gütersloh 2020, S. 12

15 BioNTech (Hg.), Geschäftsbericht 2020. Impfstoff für die Welt. Ein transformierendes Jahr für BioNTech, Mainz 2021, S. 183, abrufbar unter: https://investors.biontech.de/de/annual-reports

16 Bertelsmann Stiftung, a. a. O., S. 6

# Umes Arunagirinathan
# Der verlorene Patient
## Wie uns das Geschäft mit der Gesundheit krank macht

Appell für eine wirklich patientenorientierte Medizin!

256 Seiten

Krankenhäuser und Praxen haben sich in den letzten Jahren mehr und mehr zu Wirtschaftsunternehmen entwickelt – zum Nachteil der Patienten und des Personals. Das System ist strikt auf Gewinn ausgerichtet, gleichzeitig ist eine enorme Verschwendung an menschlichen und materiellen Ressourcen zu beobachten. Überversorgung und Mangel sind die beiden Seiten einer Medaille. Die Corona-Pandemie hat es wie unter einem Brennglas gezeigt: Einerseits sind wir enorm leistungsfähig, andererseits schlecht organisiert und unterfinanziert.

Dr. med. Umes Arunagirinathan schlägt Alarm. Klar und authentisch benennt er die Missstände und zeigt auf, was sich ändern muss – damit das Wohl der Patienten im Mittelpunkt steht, nicht der Profit.

Weitere Informationen finden Sie unter **rowohlt.de**